The "Thousand Character Classic," also known as the "Thousand Character Text," is a renowned Chinese poem that has served as a fundamental learning tool for Chinese students for centuries. It is one of the best-known and most widely studied ancient Chinese texts.

Believed to have been written during the sixth century, the poem consists of exactly one thousand characters, with no character repeated throughout the entire work. Each line of the poem consists of four characters, making a total of 250 lines. The text follows a rhythmic pattern and is composed in a concise and systematic manner.

The purpose of the "Thousand Character Classic" is to teach children Chinese characters, grammar, and basic Confucian values. The poem covers a wide range of subjects, including astronomy, geography, history, morality, and ethics. It serves as a comprehensive primer for students to develop their language skills and cultivate their understanding of Chinese culture.

The "Thousand Character Classic" has had a profound influence on Chinese education and has been used as a teaching tool for centuries. Its simplicity and comprehensiveness have made it an enduring piece of literature. The text has been widely studied and memorized by generations of Chinese students, helping them gain a solid foundation in Chinese language and culture.

Writing Practice Book for Thousand Character Classic(Tianzige with stroke order)

OPOSBOX SL
C/Rodrigo Caro 73, 08914 Barcelona(España)
https://comtebarcelona.com
Primera edición: Mayo de 2023
ISBN: 978-84-126439-8-5 (Paperback)

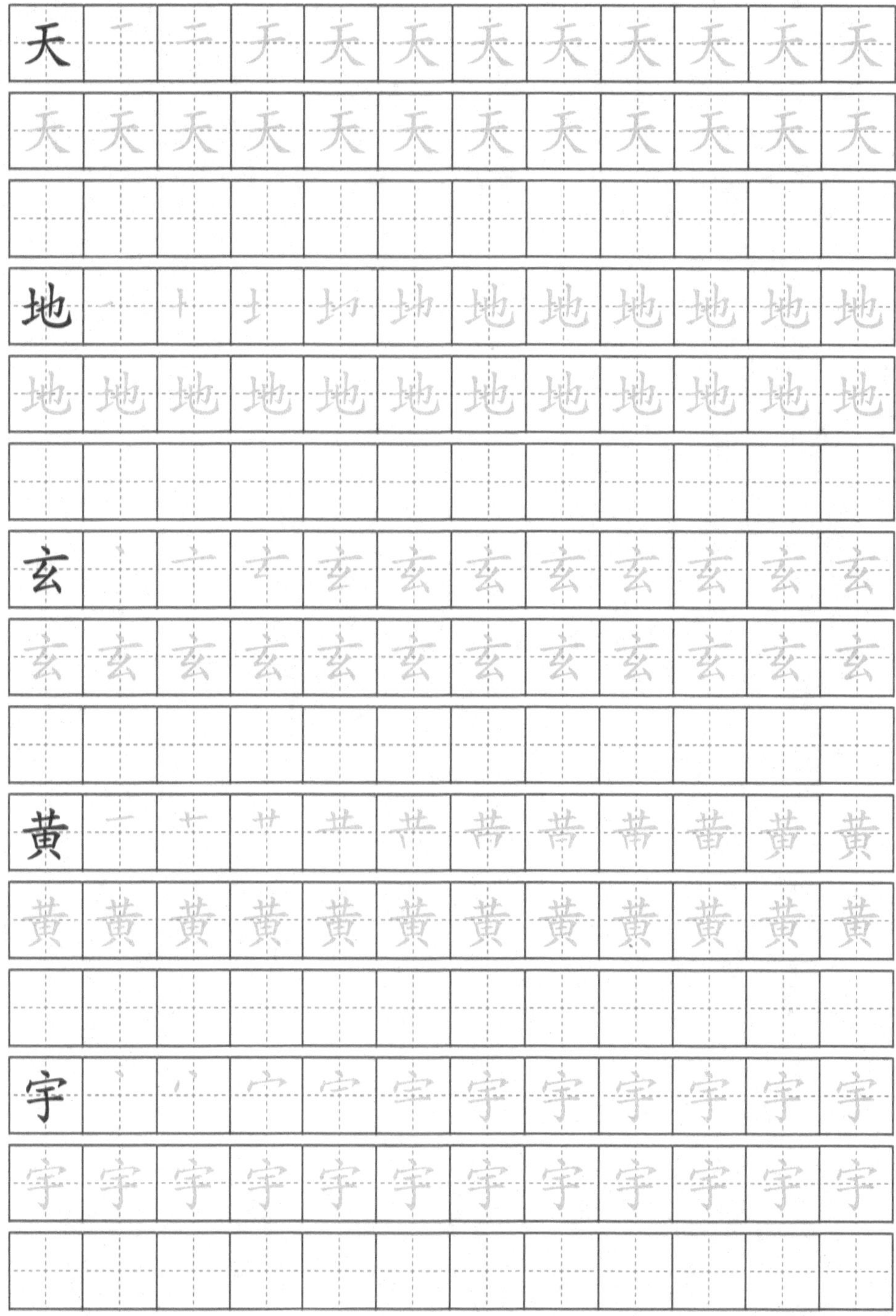
天
地
玄
黄
宇

宙

洪

荒

日

月

盈

昃

辰

宿

列

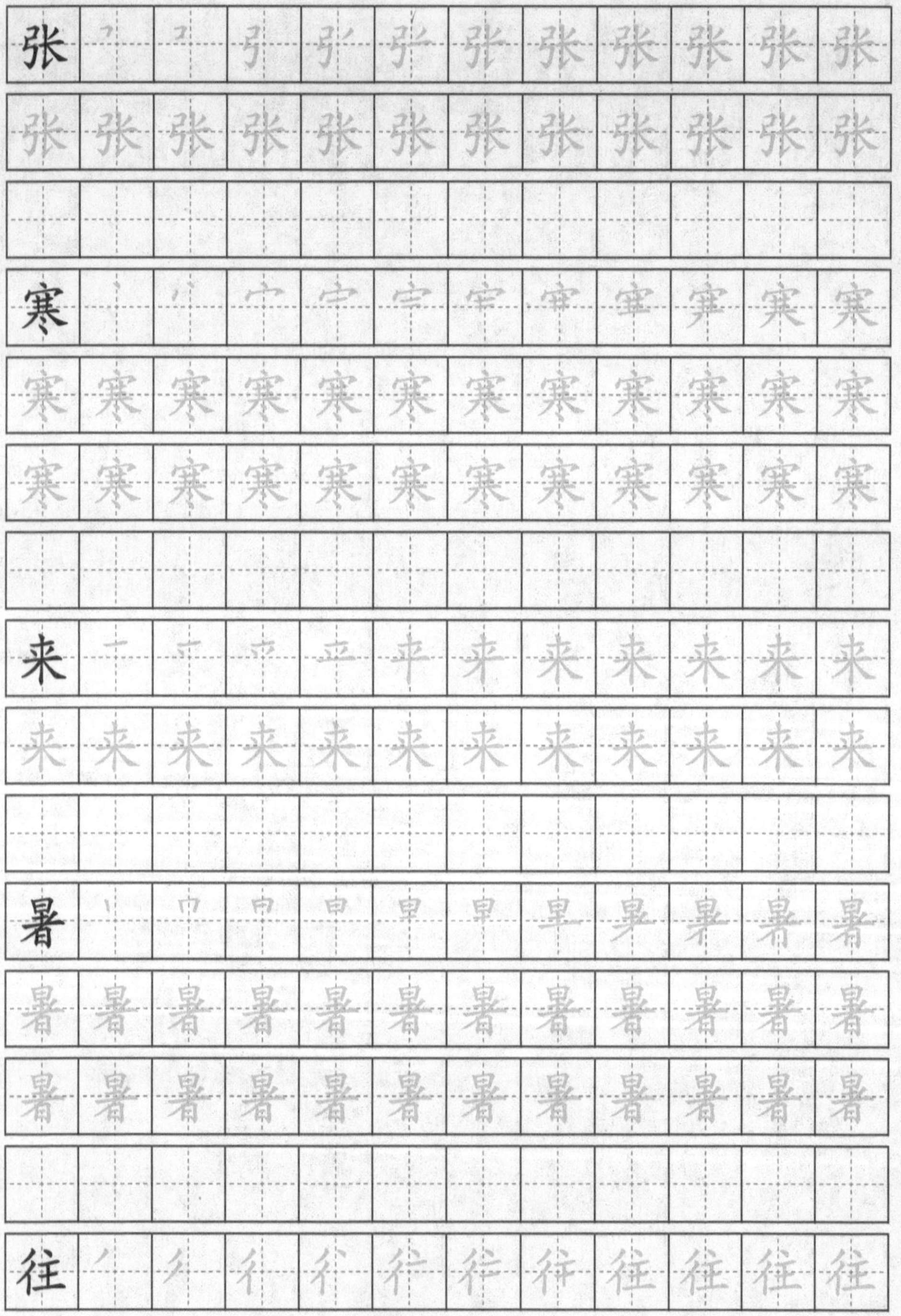
张
寒
来
暑
往

往	往	往	往	往	往	往	往	往	往	往	往
秋			千	千	禾	禾			秋	秋	秋
秋	秋	秋	秋	秋	秋	秋	秋	秋	秋	秋	秋
收						收	收	收	收	收	收
收	收	收	收	收	收	收	收	收	收	收	收
冬		夂			冬	冬	冬	冬	冬	冬	冬
冬	冬	冬	冬	冬	冬	冬	冬	冬	冬	冬	冬
藏	一	十	艹								
			藏	藏	藏	藏	藏	藏	藏	藏	藏
藏	藏	藏	藏	藏	藏	藏	藏	藏	藏	藏	藏

闰

闰闰闰闰闰闰闰闰闰闰闰闰

余

余余余余余余余余余余余余

成

成成成成成成成成成成成成

岁

岁岁岁岁岁岁岁岁岁岁岁岁

律

律律律律律律律律律律律律

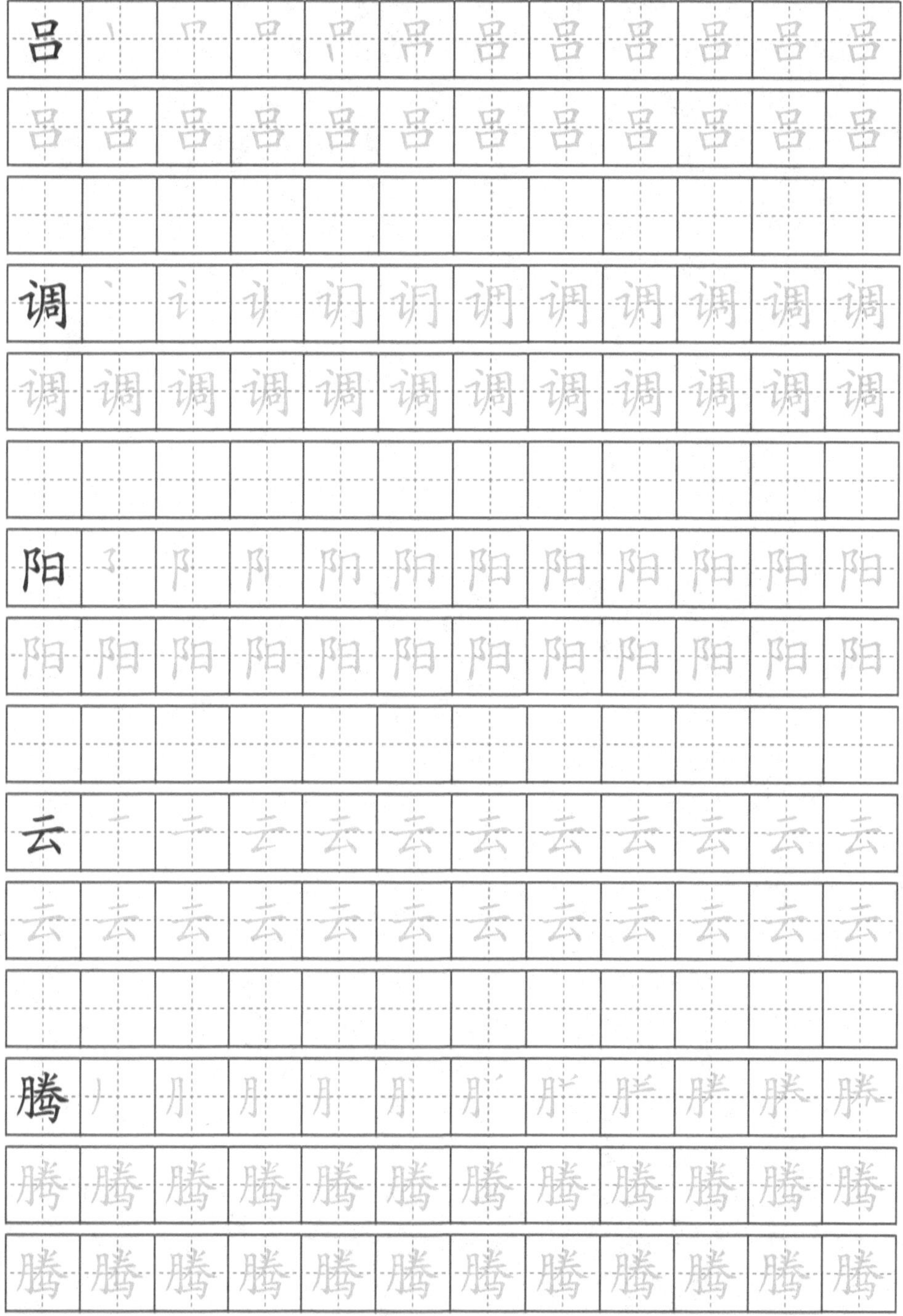

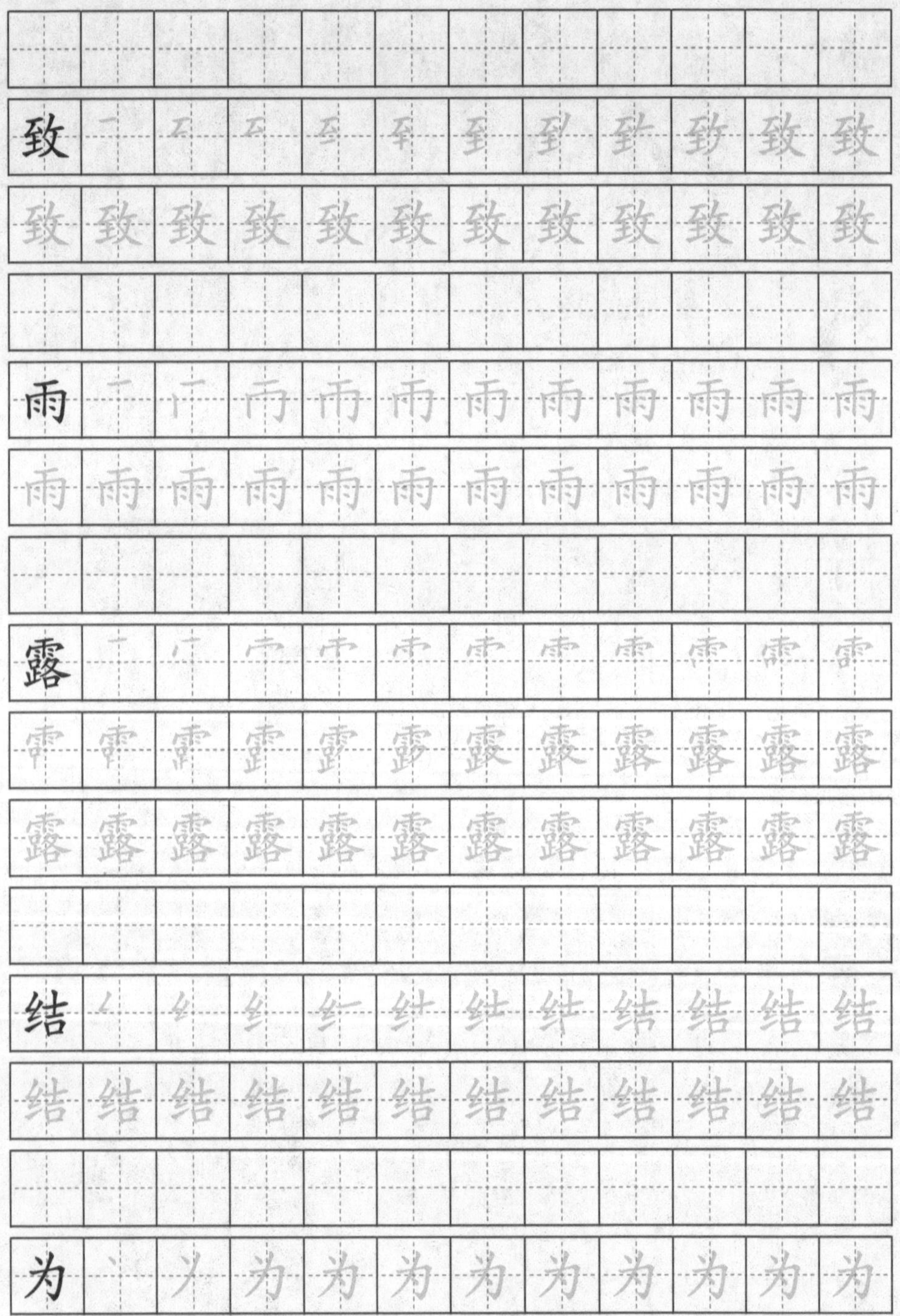
致
雨
露
结
为

为为为为为为为为为为为为

霜

霜霜霜霜霜霜霜霜霜霜霜霜

金

金金金金金金金金金金金金

生

生生生生生生生生生生生生

丽

丽丽丽丽丽丽丽丽丽丽丽丽

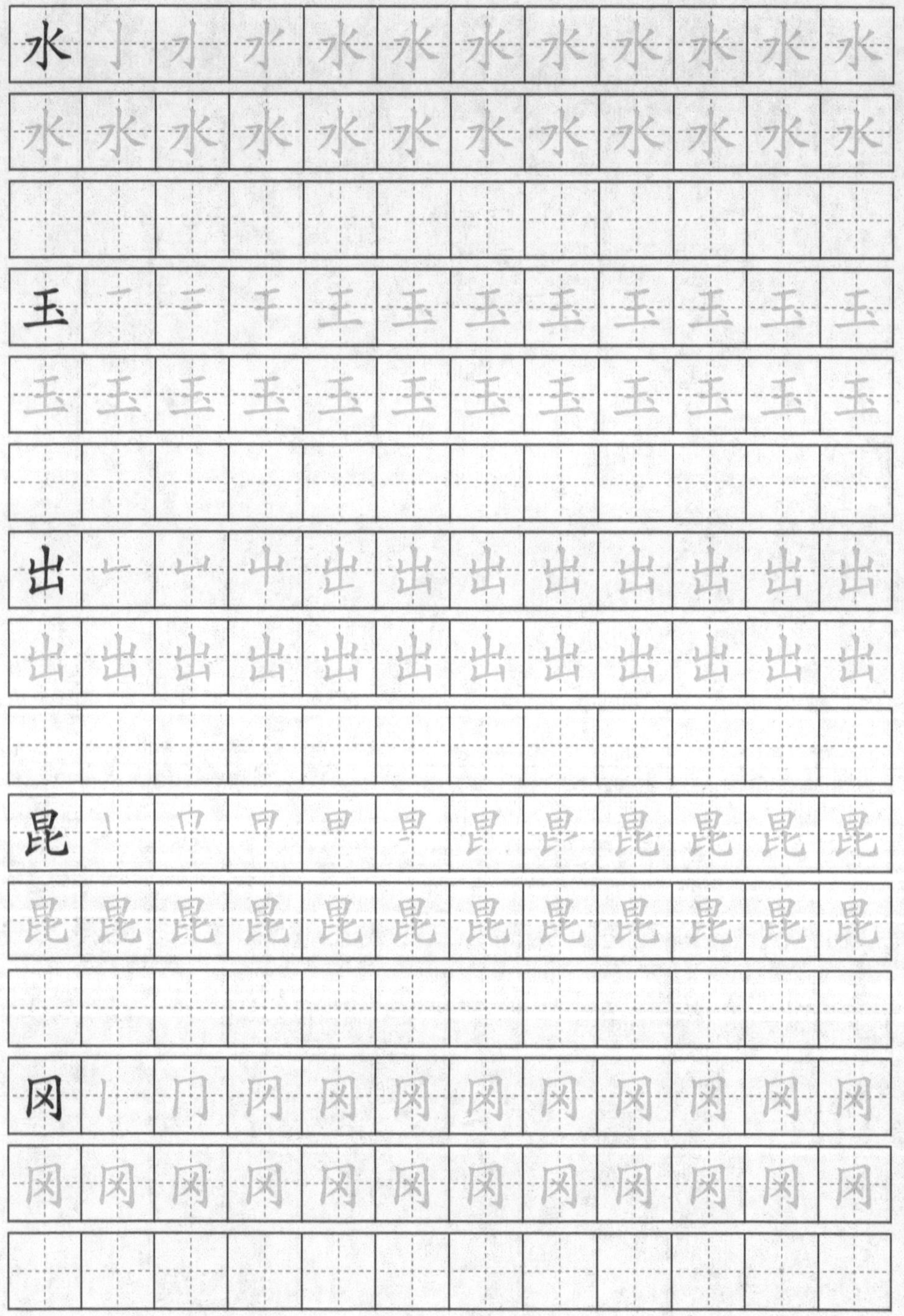

水
玉
出
昆
冈

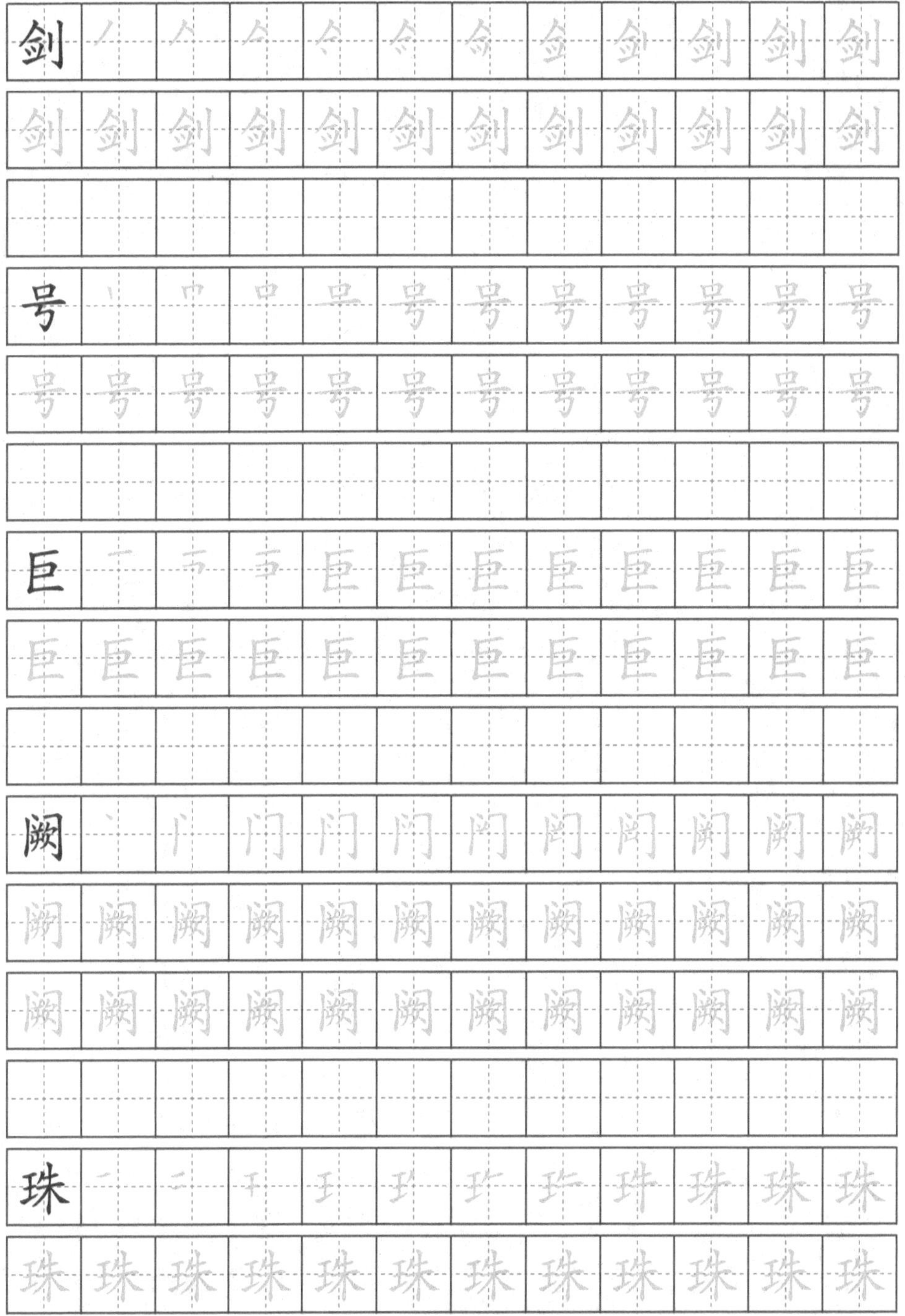

称

夜

光

果

珍

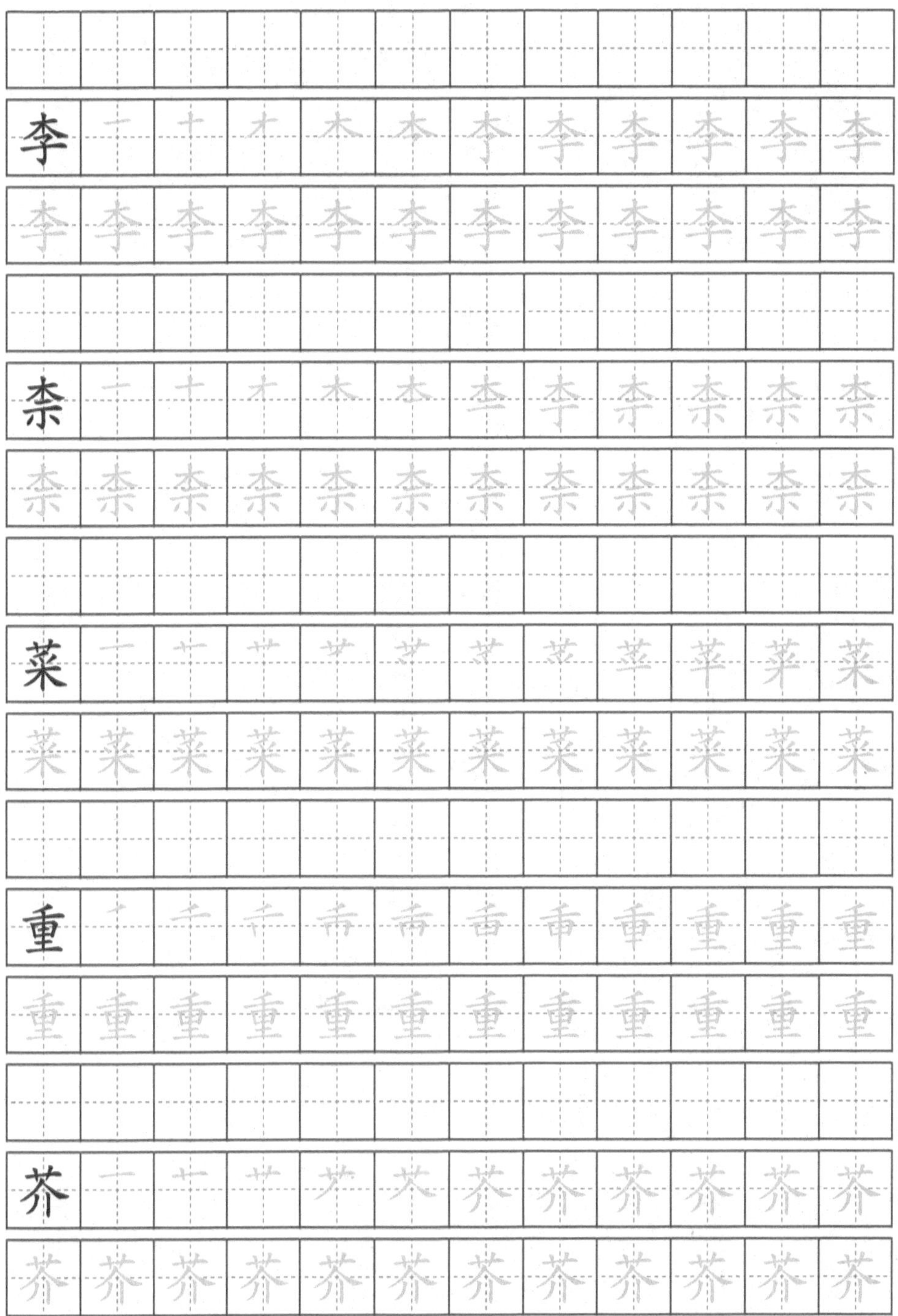
李
柰
菜
重
芥

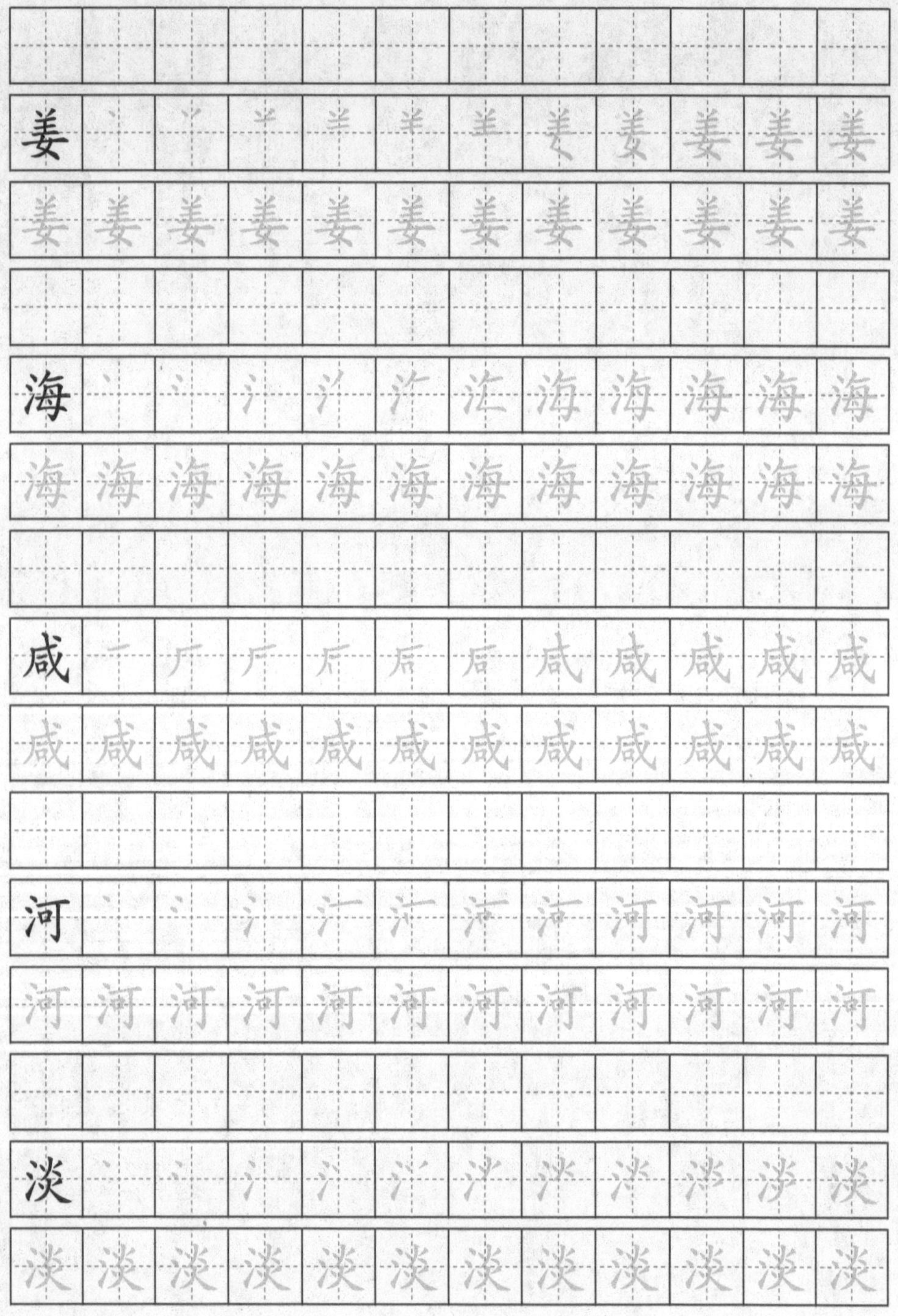

姜
海
咸
河
淡

鳞

潜

羽

翔

龙

师

火

帝

鸟

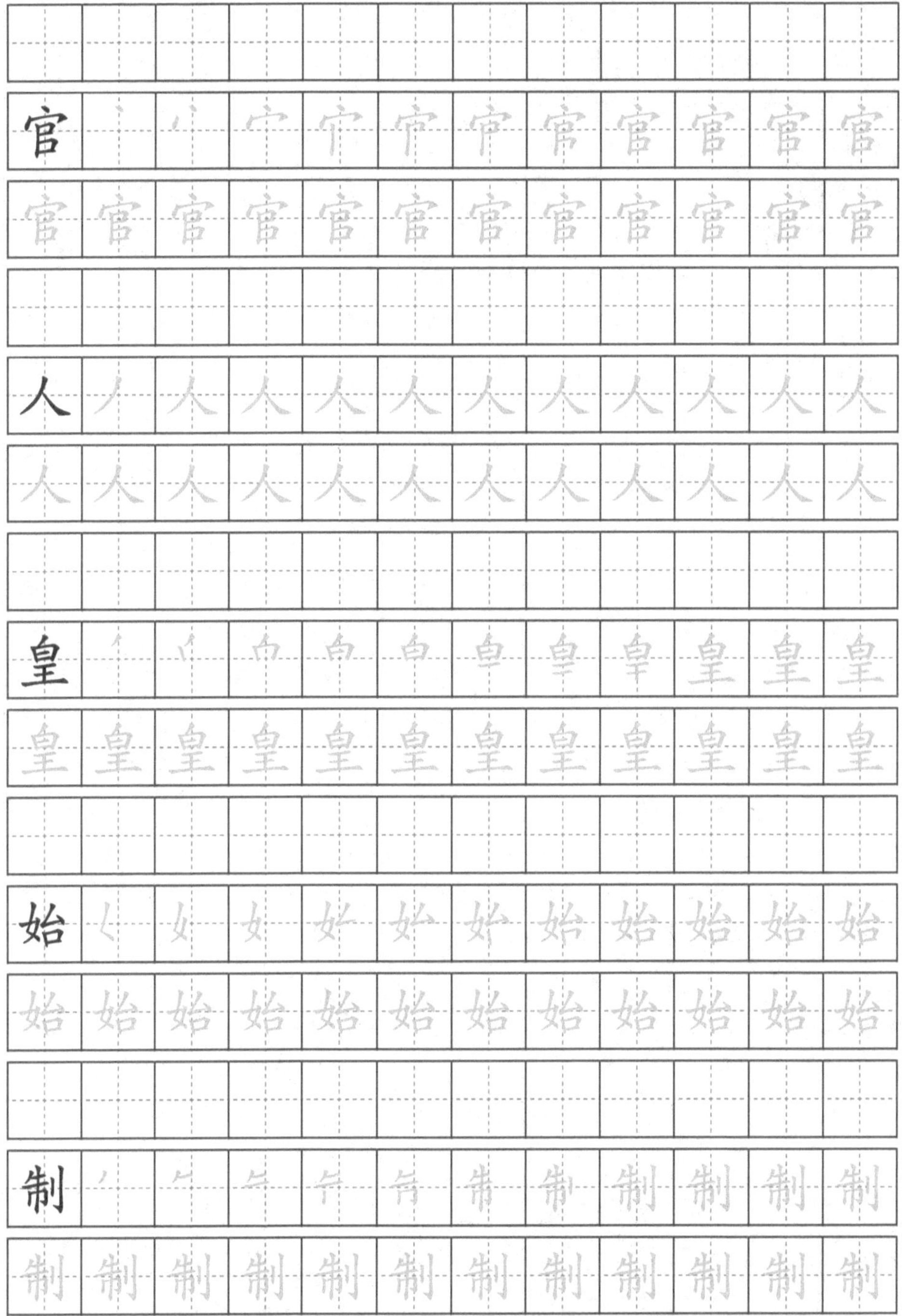
官
人
皇
始
制

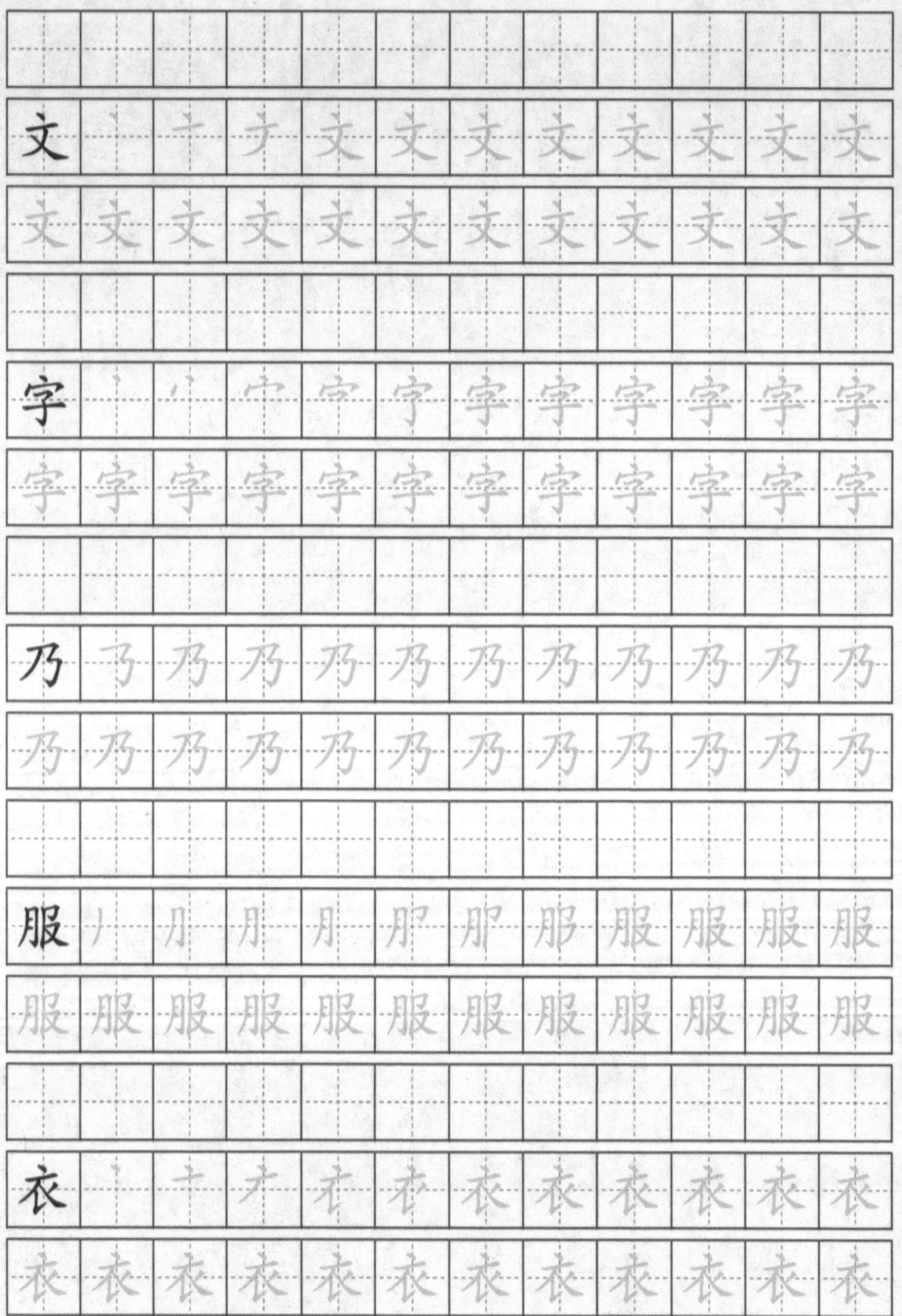

官

人

皇

始

制

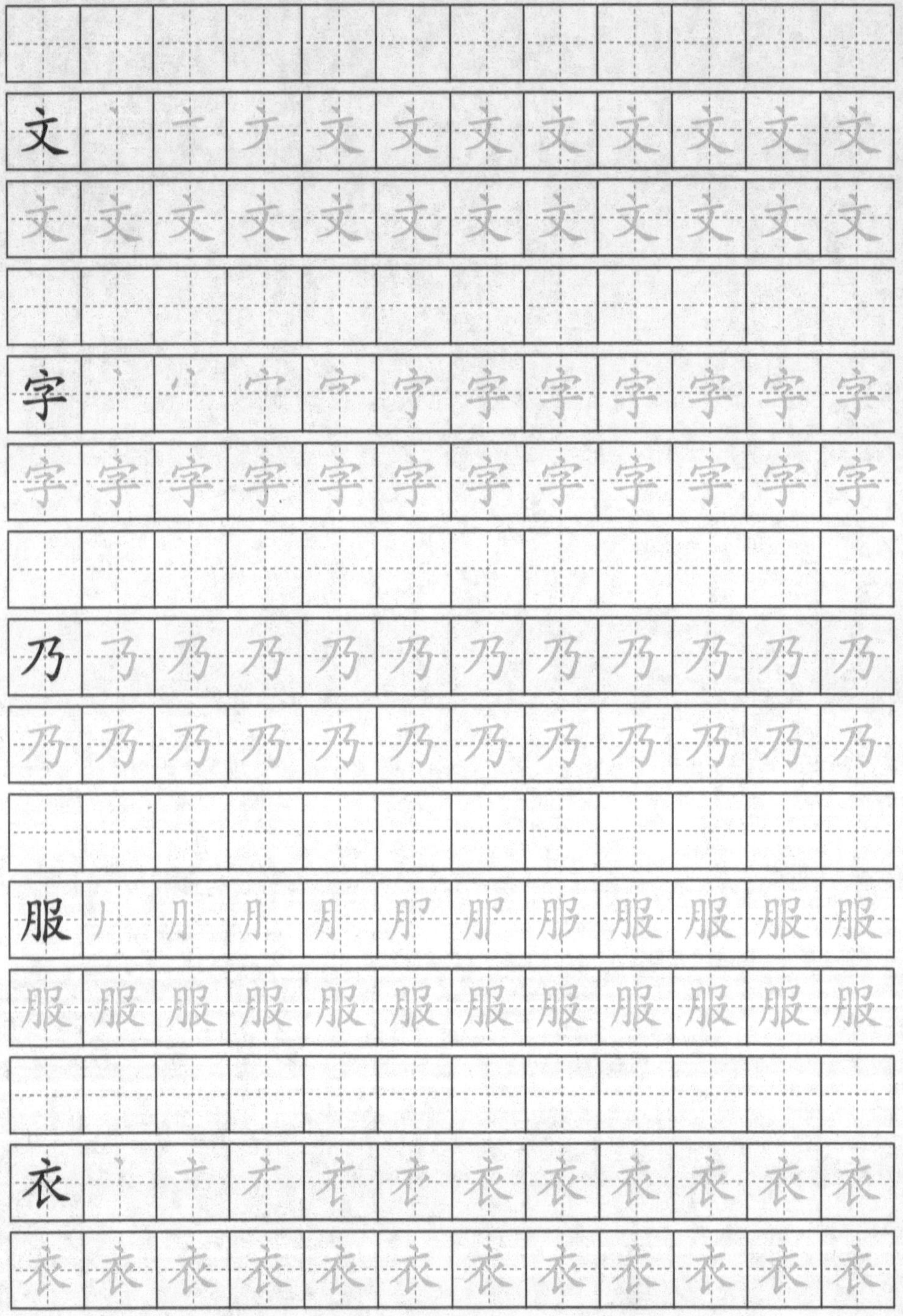

文
字
乃
服
衣

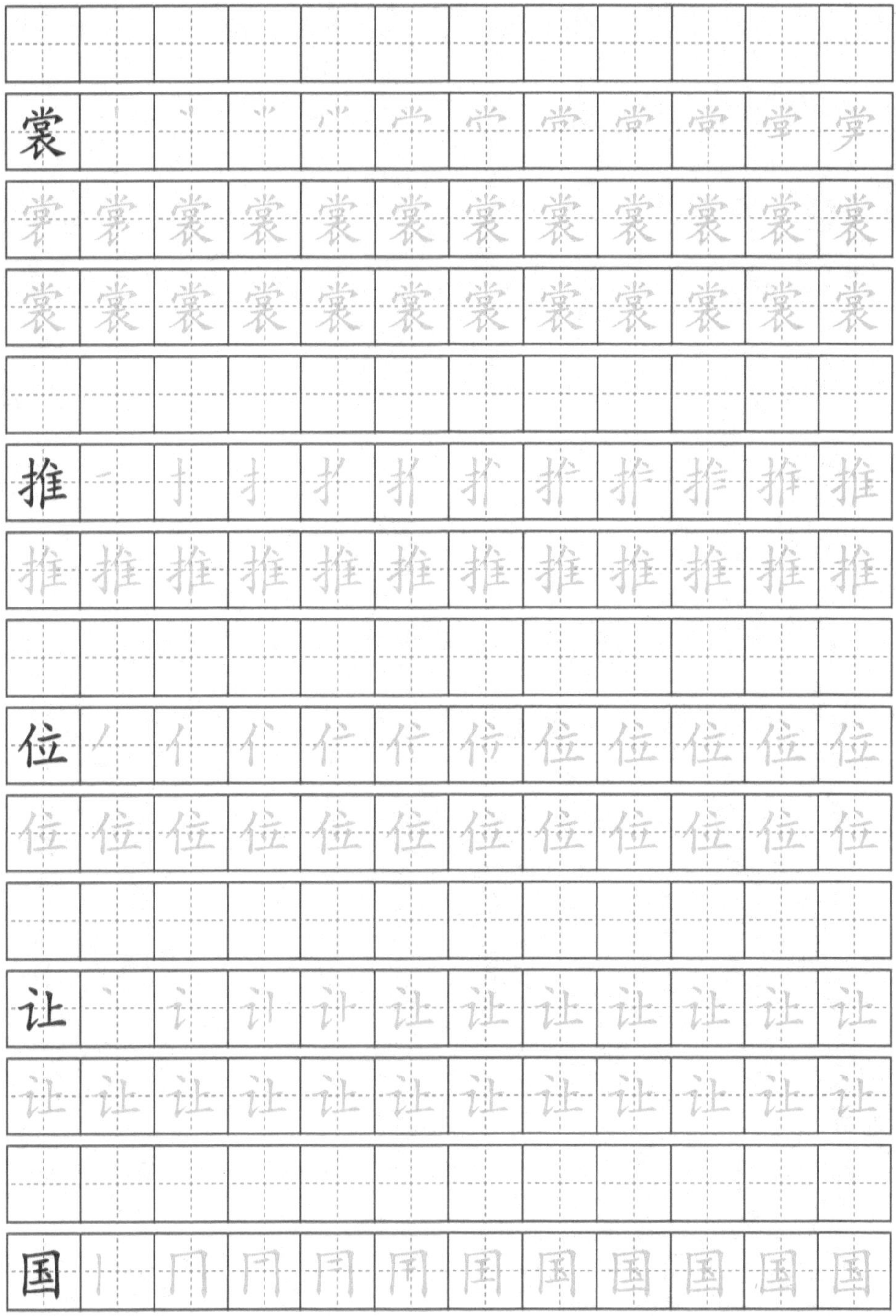
裳
推
位
让
国

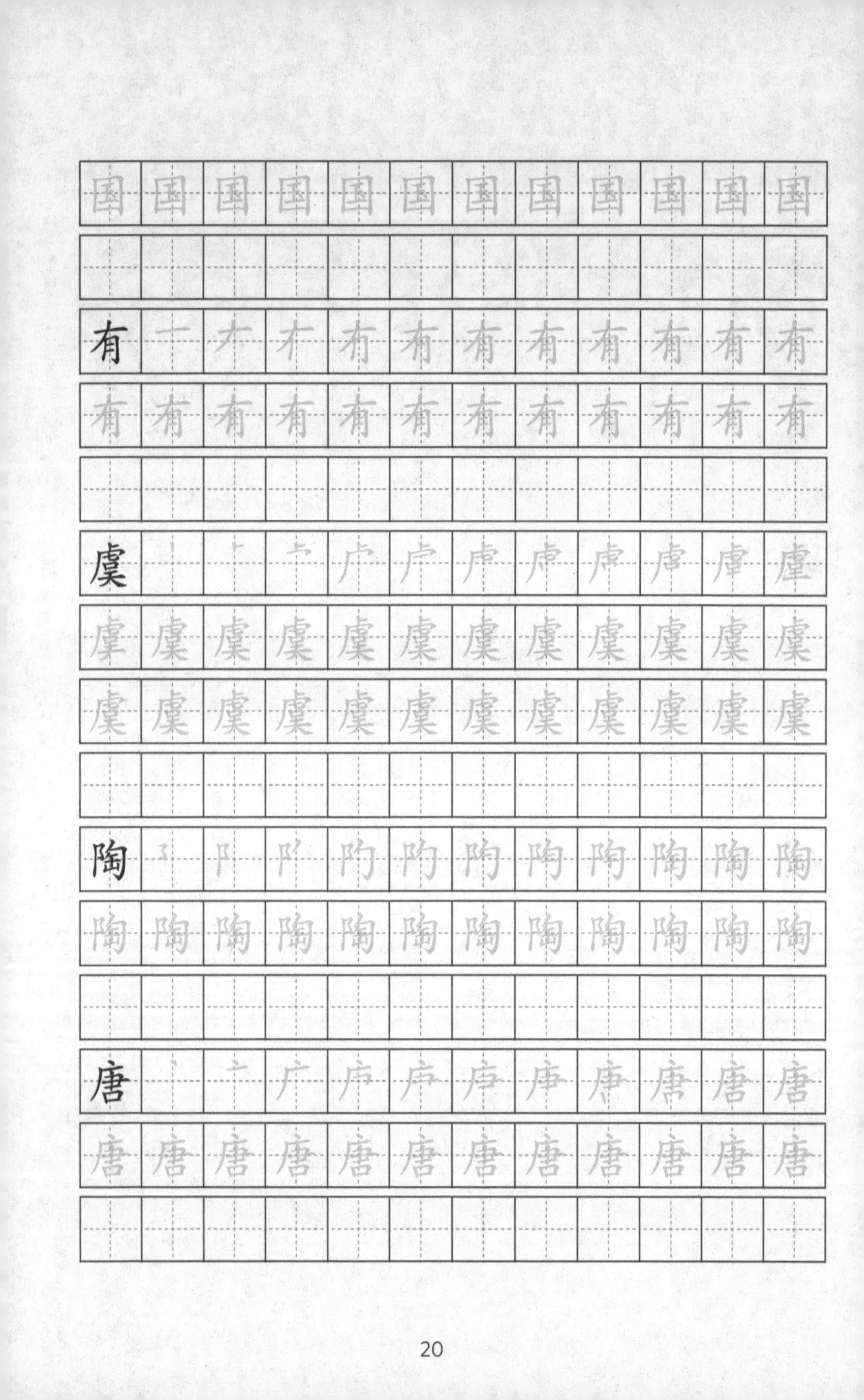

国国国国国国国国国国国国

有

有有有有有有有有有有有有

虞

虞虞虞虞虞虞虞虞虞虞虞虞

虞虞虞虞虞虞虞虞虞虞虞虞

陶

陶陶陶陶陶陶陶陶陶陶陶陶

唐

唐唐唐唐唐唐唐唐唐唐唐唐

吊

民

伐

罪

周

发				发	发	发	发	发	发	发	发
发	发	发	发	发	发	发	发	发	发	发	发
般									般	般	般
般	般	般	般	般	般	般	般	般	般	般	般
汤				汤	汤	汤	汤	汤	汤	汤	汤
汤	汤	汤	汤	汤	汤	汤	汤	汤	汤	汤	汤
坐							坐	坐	坐	坐	坐
坐	坐	坐	坐	坐	坐	坐	坐	坐	坐	坐	坐
朝										朝	朝
朝	朝	朝	朝	朝	朝	朝	朝	朝	朝	朝	朝

朝朝朝朝朝朝朝朝朝朝朝朝

问

问问问问问问问问问问问问

道

道道道道道道道道道道道道

道道道道道道道道道道道道

垂

垂垂垂垂垂垂垂垂垂垂垂垂

拱

拱拱拱拱拱拱拱拱拱拱拱拱

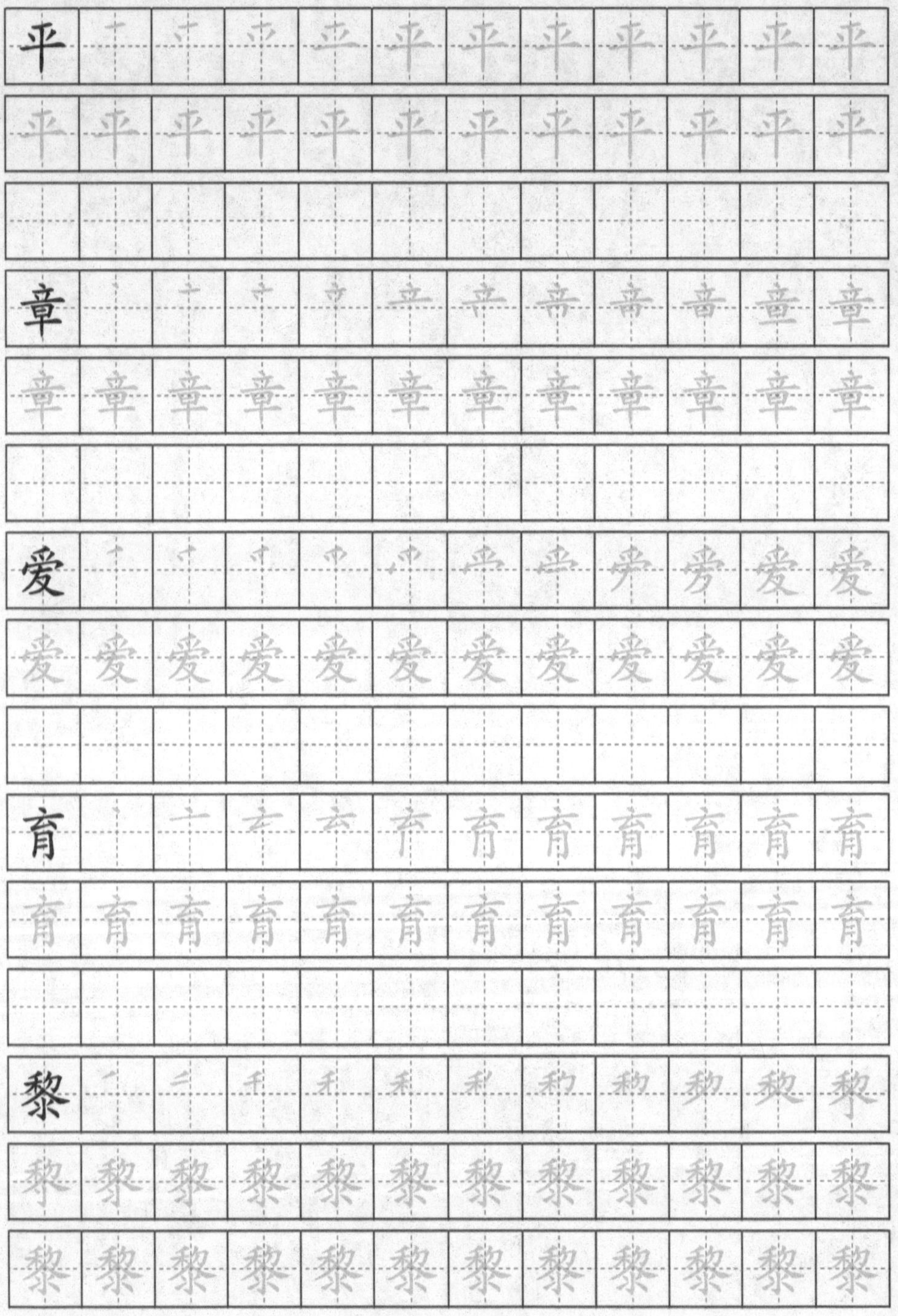
平
章
爱
育
黎

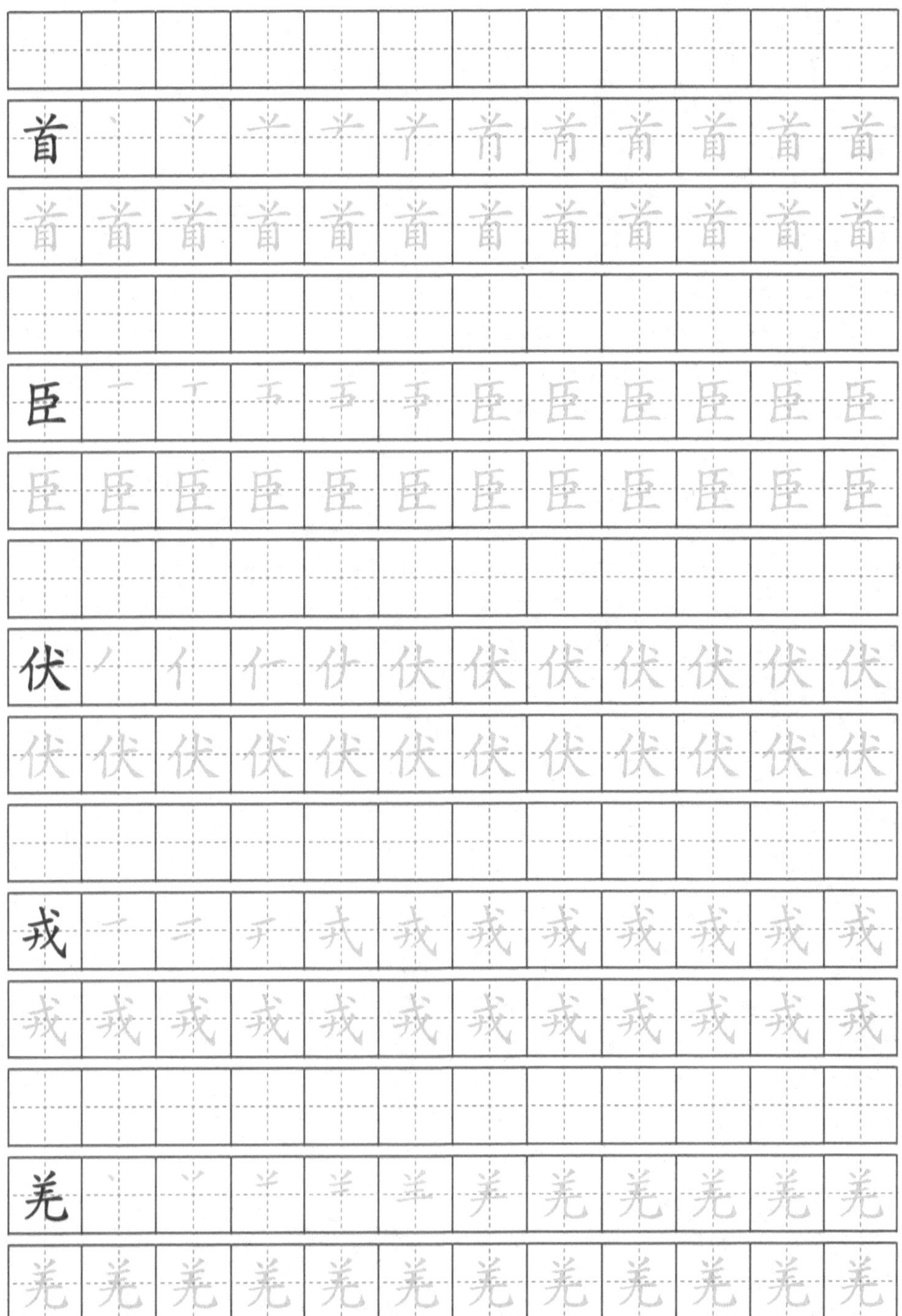

首
臣
伏
戎
羌

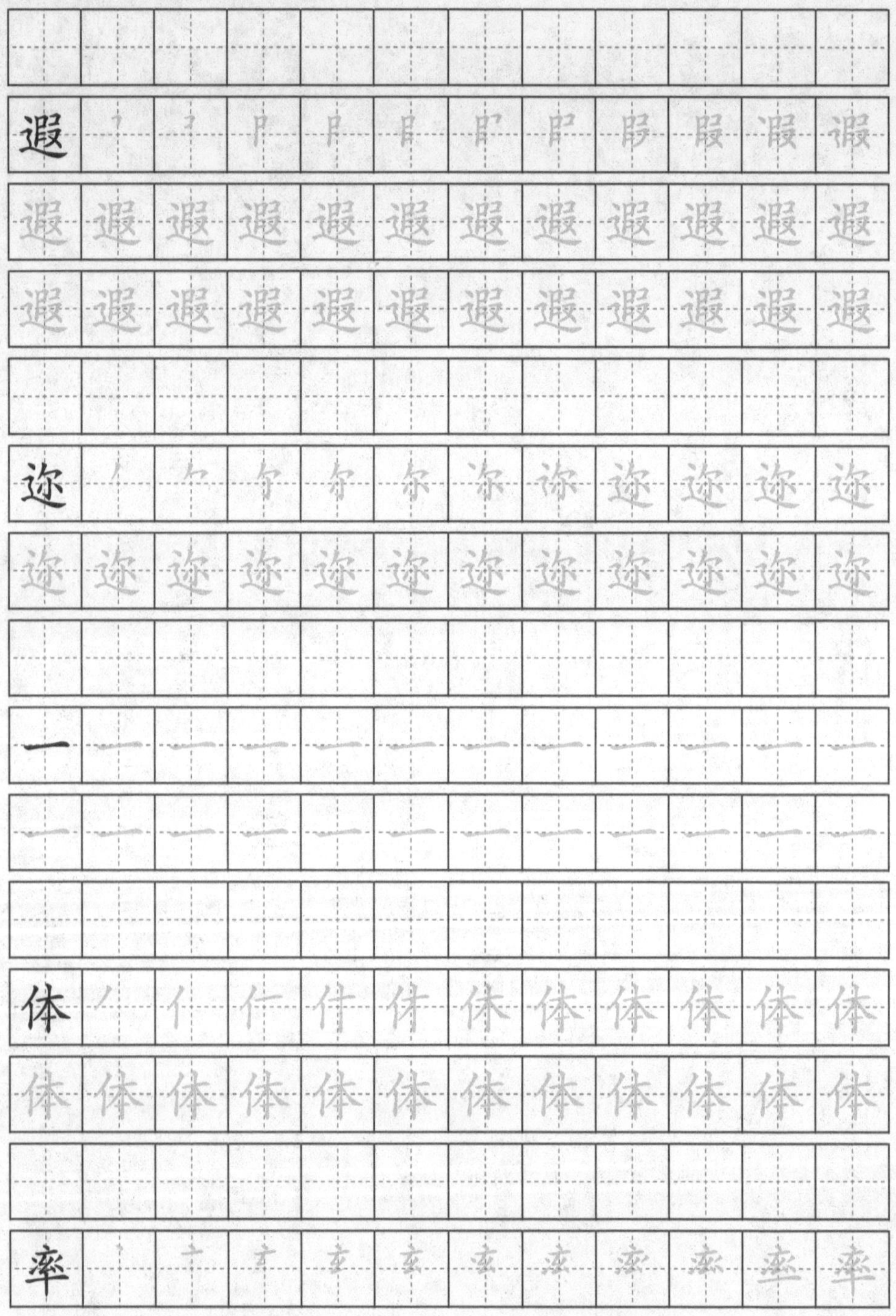
遐
迩
一
体
率

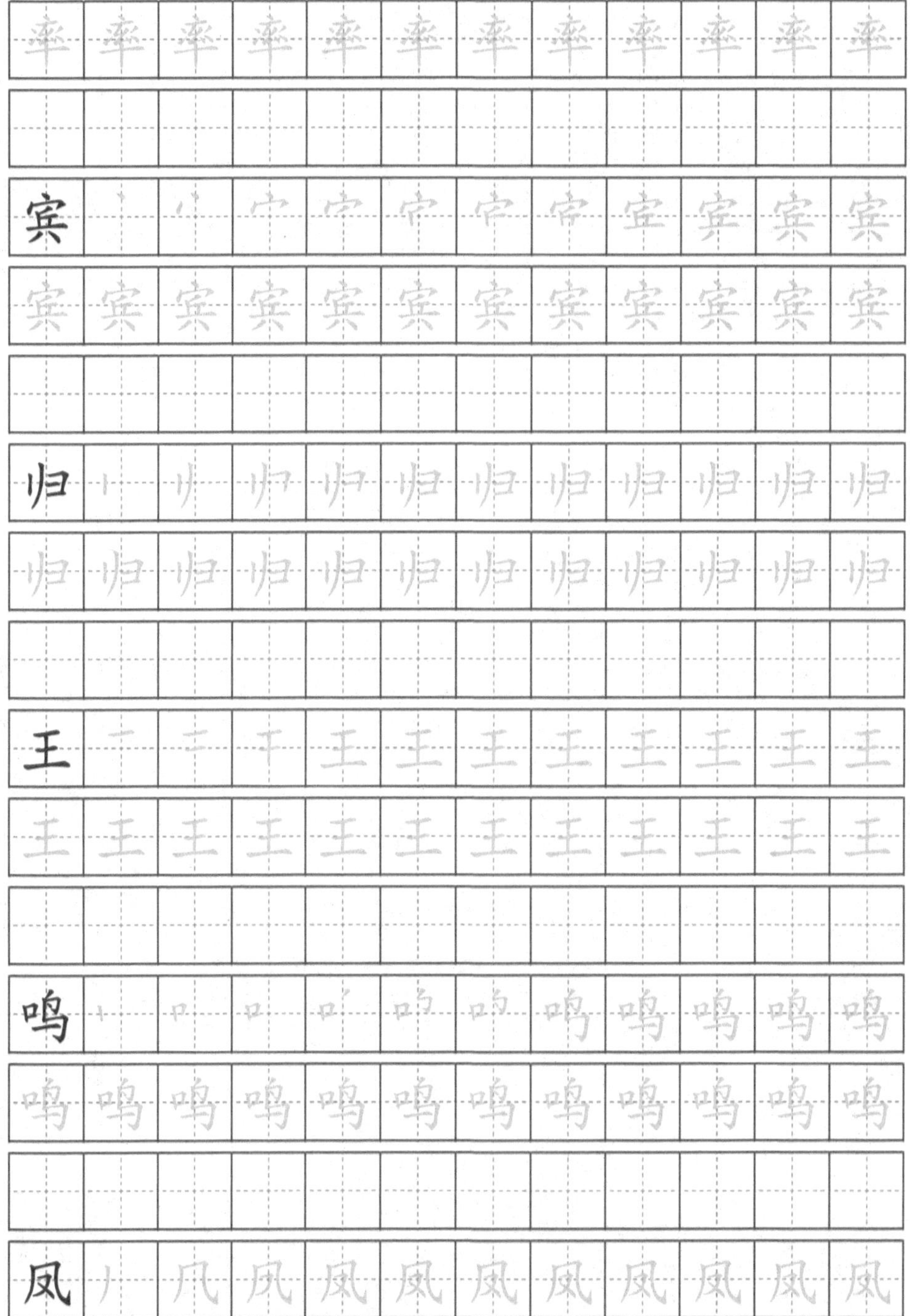

凤凤凤凤凤凤凤凤凤凤凤凤

在

在在在在在在在在在在在在在在在在在在

竹

竹竹竹竹竹竹竹竹竹竹竹竹竹竹竹竹竹竹

白

白白白白白白白白白白白白白白白白白白白白

驹

驹驹驹驹驹驹驹驹驹驹驹驹驹驹驹驹驹驹驹驹

食

食食食

食	食	食	食	食	食	食	食	食	食	食	食
场	一	十	土	场	场	场	场	场	场	场	场
场	场	场	场	场	场	场	场	场	场	场	场
化	丿	亻	化	化	化	化	化	化	化	化	化
化	化	化	化	化	化	化	化	化	化	化	化
被	丶	礻	礻	礻	衤	衤	衤	衤	衤	被	被
被	被	被	被	被	被	被	被	被	被	被	被
草	一	十	艹	艹	苩	苩	苩	草	草	草	草
草	草	草	草	草	草	草	草	草	草	草	草
木	一	十	木	木	木	木	木	木	木	木	木

赖

及

万

方

盖

此

身

发

四

大

五

常

恭

惟

大	一	大	大	大	大	大	大	大	大	大	大
大	大	大	大	大	大	大	大	大	大	大	大
五	一	丁	五	五	五	五	五	五	五	五	五
五	五	五	五	五	五	五	五	五	五	五	五
常	丶	丷	丷	严	党	常	常	常	常	常	常
常	常	常	常	常	常	常	常	常	常	常	常
恭	一	十	卅	卅	共	共	恭	恭	恭	恭	恭
恭	恭	恭	恭	恭	恭	恭	恭	恭	恭	恭	恭
惟	丶	忄	忄	忙	忙	忙	惟	惟	惟	惟	惟
惟	惟	惟	惟	惟	惟	惟	惟	惟	惟	惟	惟

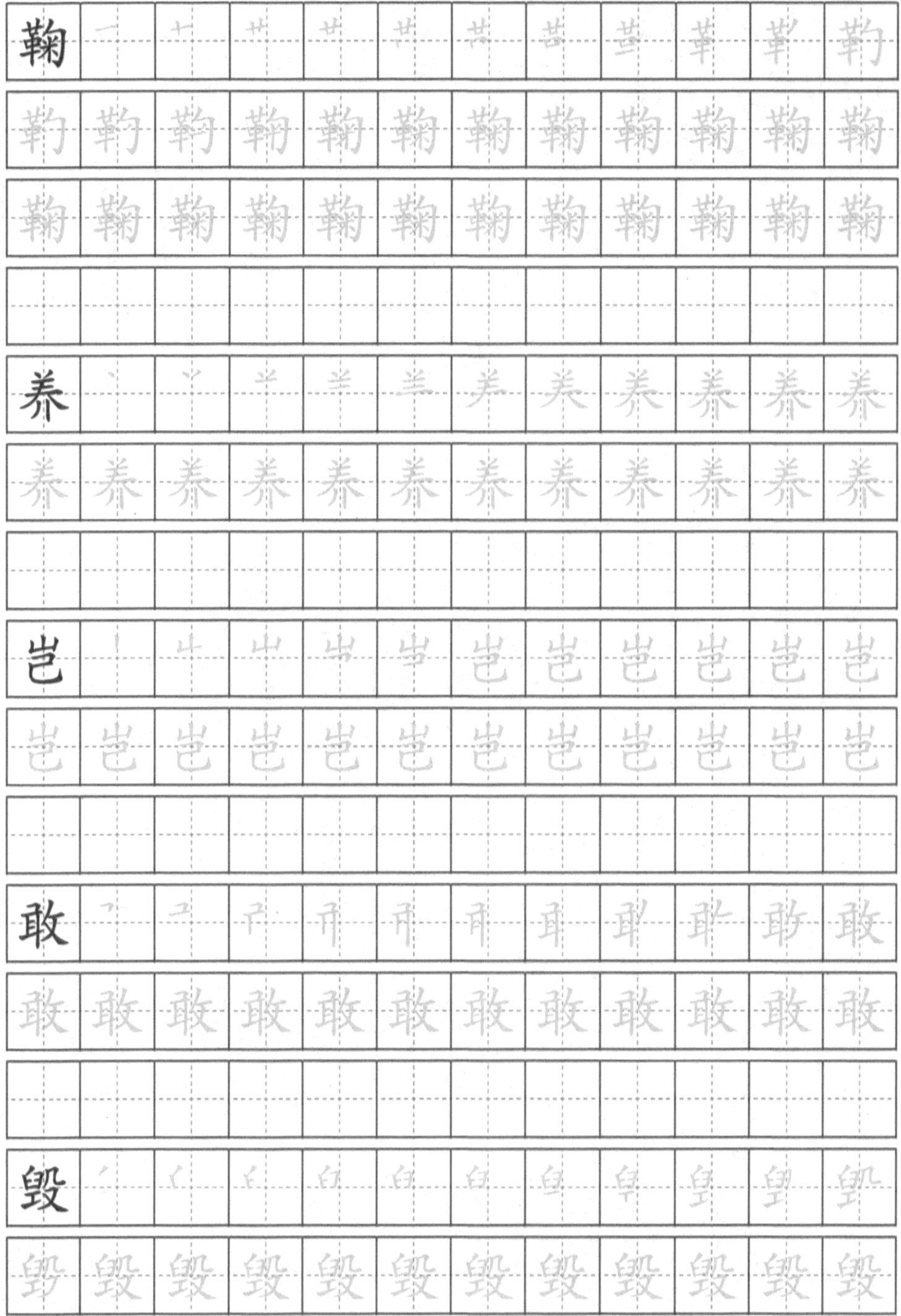

毁 毁 毁 毁 毁 毁 毁 毁 毁 毁 毁 毁

伤 丿 亻 亻 仁 伤 伤 伤 伤 伤 伤 伤

伤 伤 伤 伤 伤 伤 伤 伤 伤 伤 伤 伤

女 く 女 女 女 女 女 女 女 女 女 女

女 女 女 女 女 女 女 女 女 女 女 女

慕 一 十 艹 艹 芇 苗 苗 草 莫 莫 莫

慕 慕 慕 慕 慕 慕 慕 慕 慕 慕 慕 慕

慕 慕 慕 慕 慕 慕 慕 慕 慕 慕 慕 慕

贞 丨 ⺊ 卜 卢 贞 贞 贞 贞 贞 贞 贞

贞 贞 贞 贞 贞 贞 贞 贞 贞 贞 贞 贞

洁

男

效

才

良

知

过

必

改

得

能

莫

忘

罔

谈

彼

短

靡

恃

己

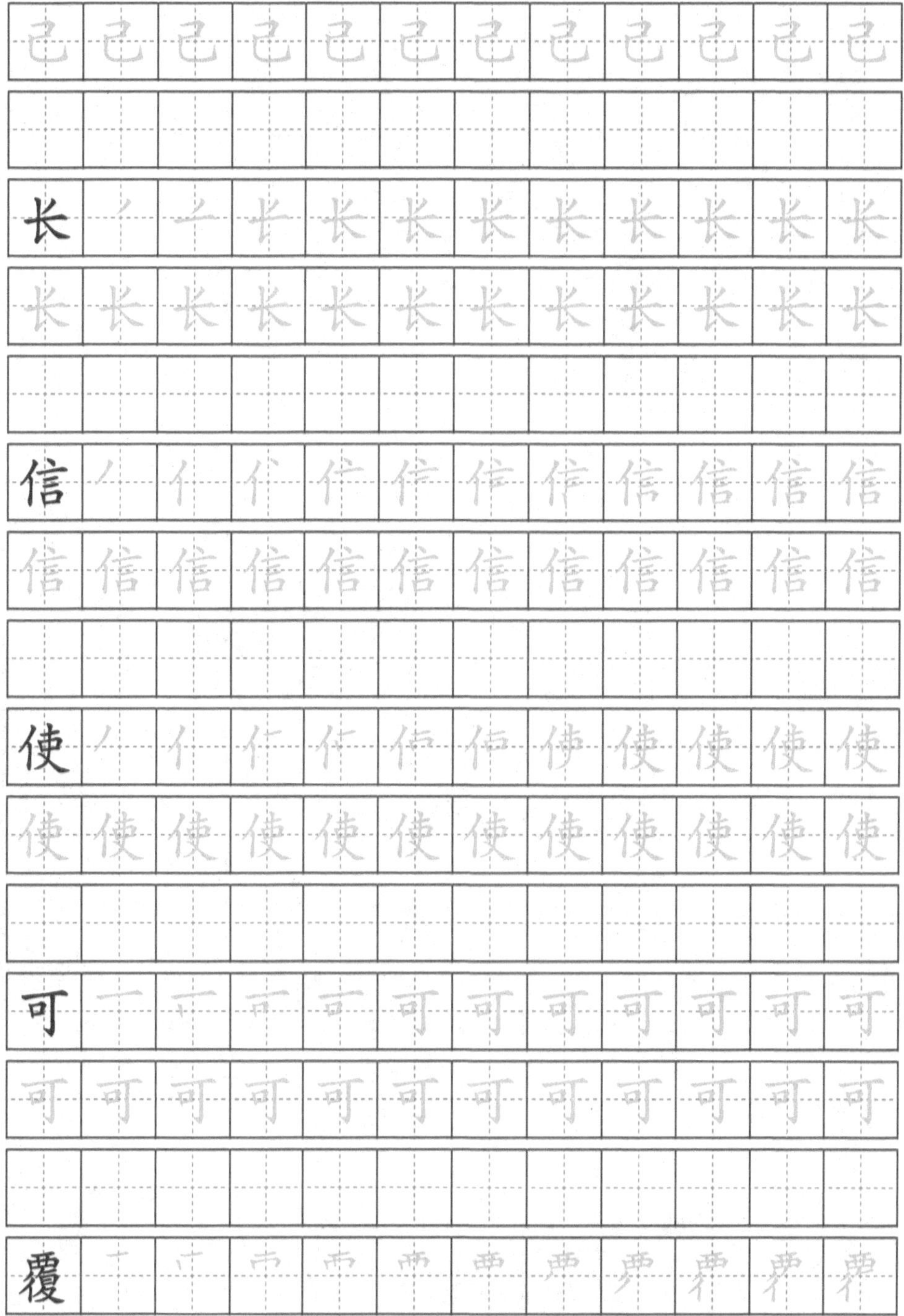

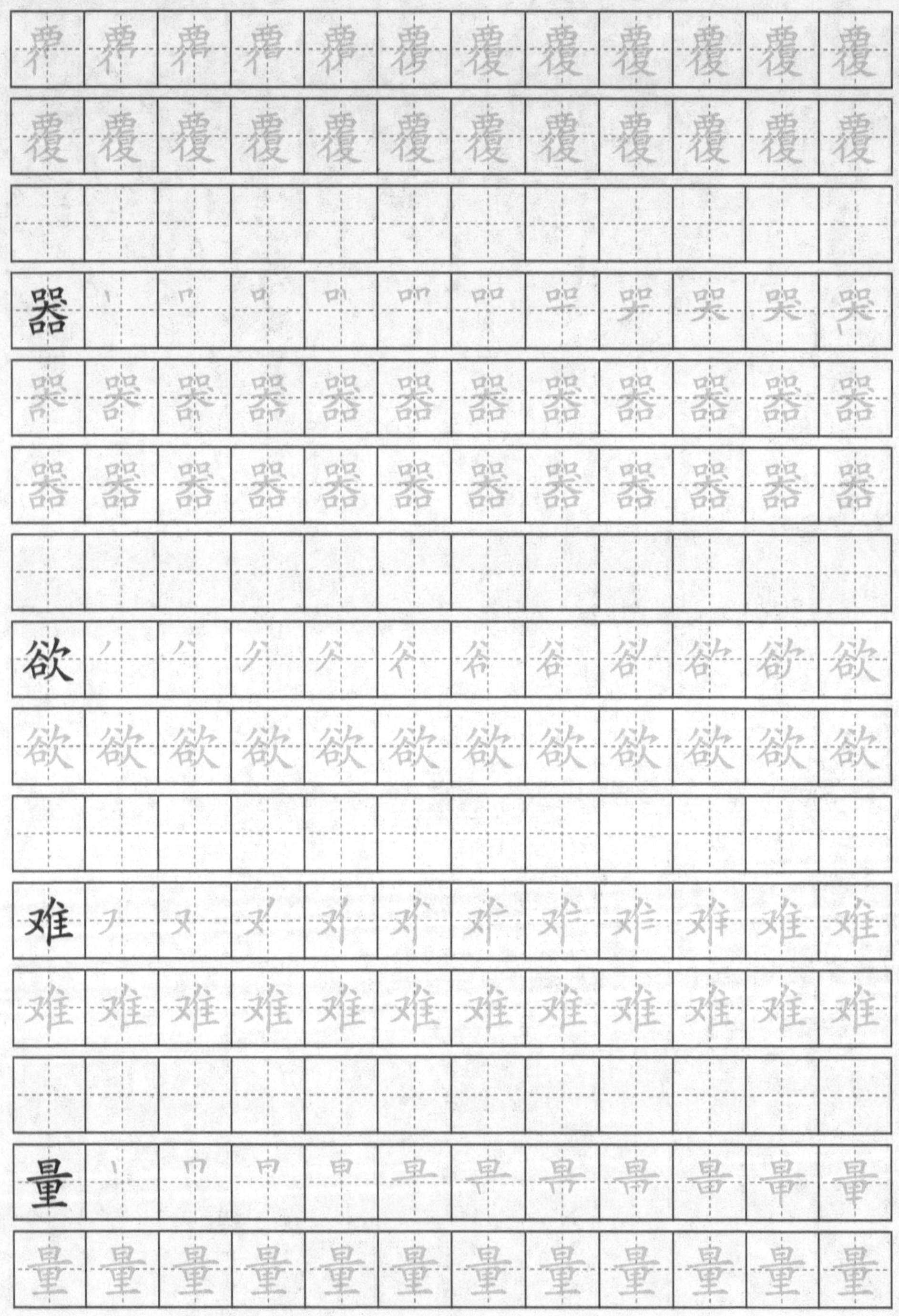
器
欲
难
量

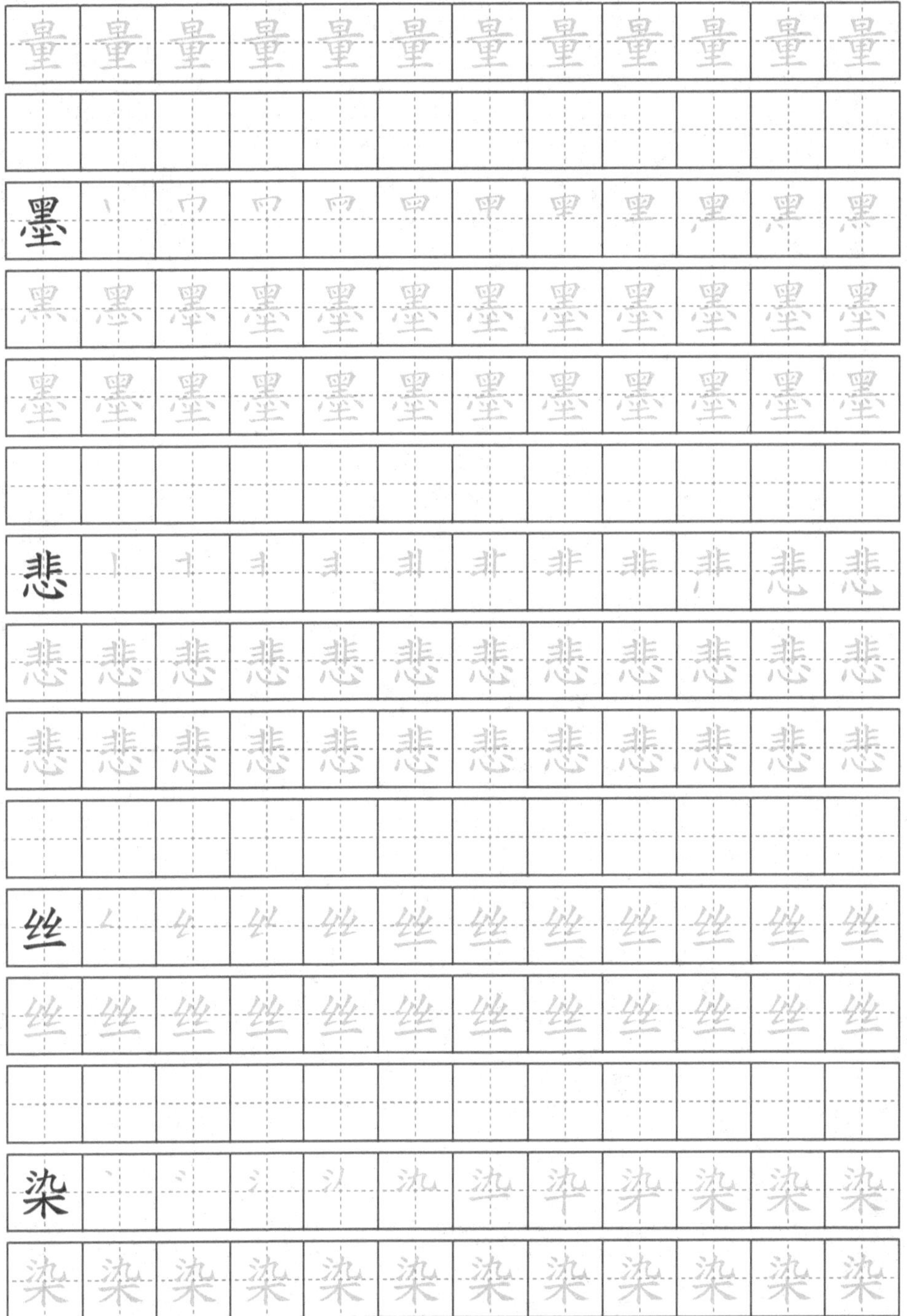
墨
悲
丝
染

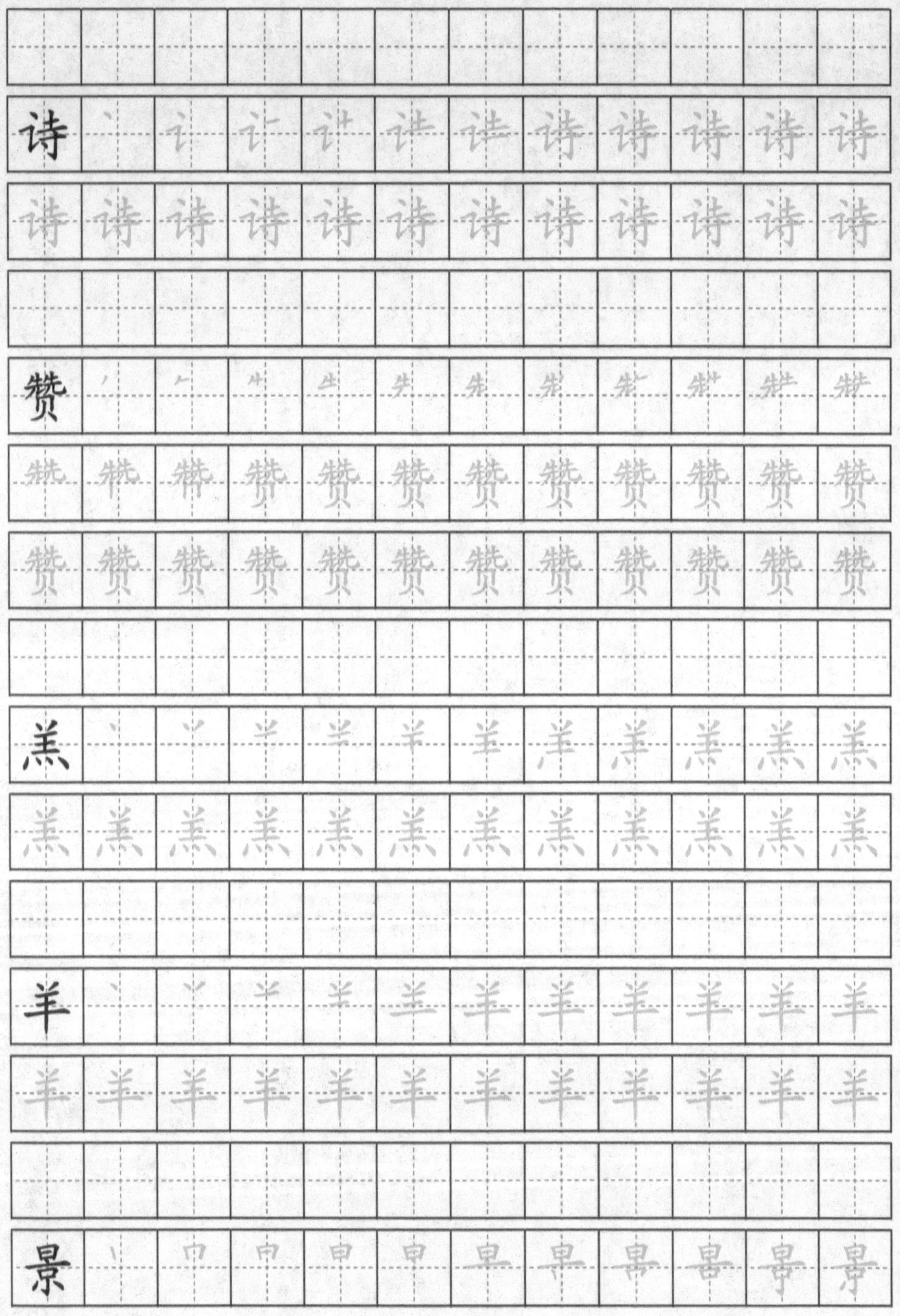
诗
赞
羔
羊
景

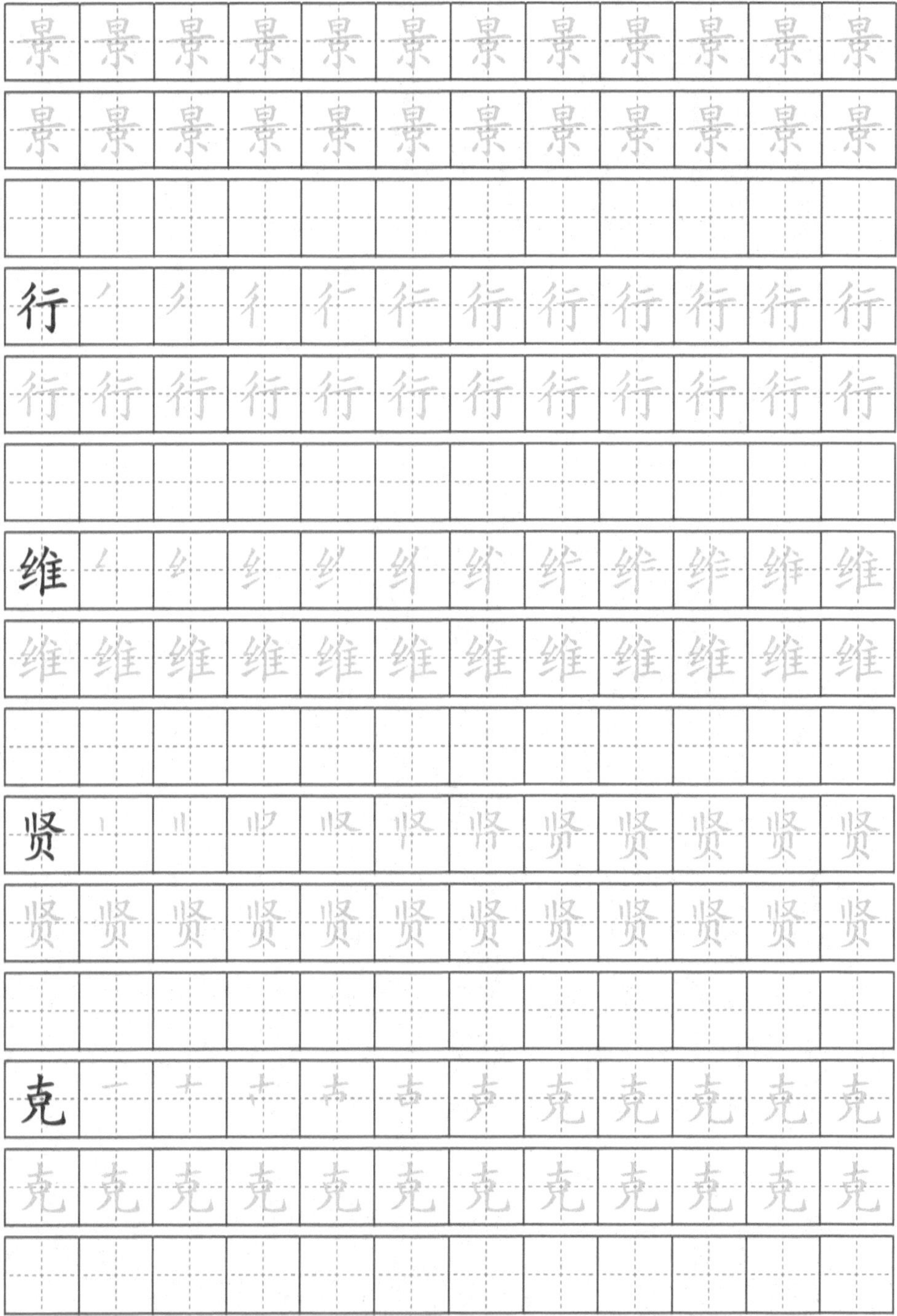
景
行
维
贤
克

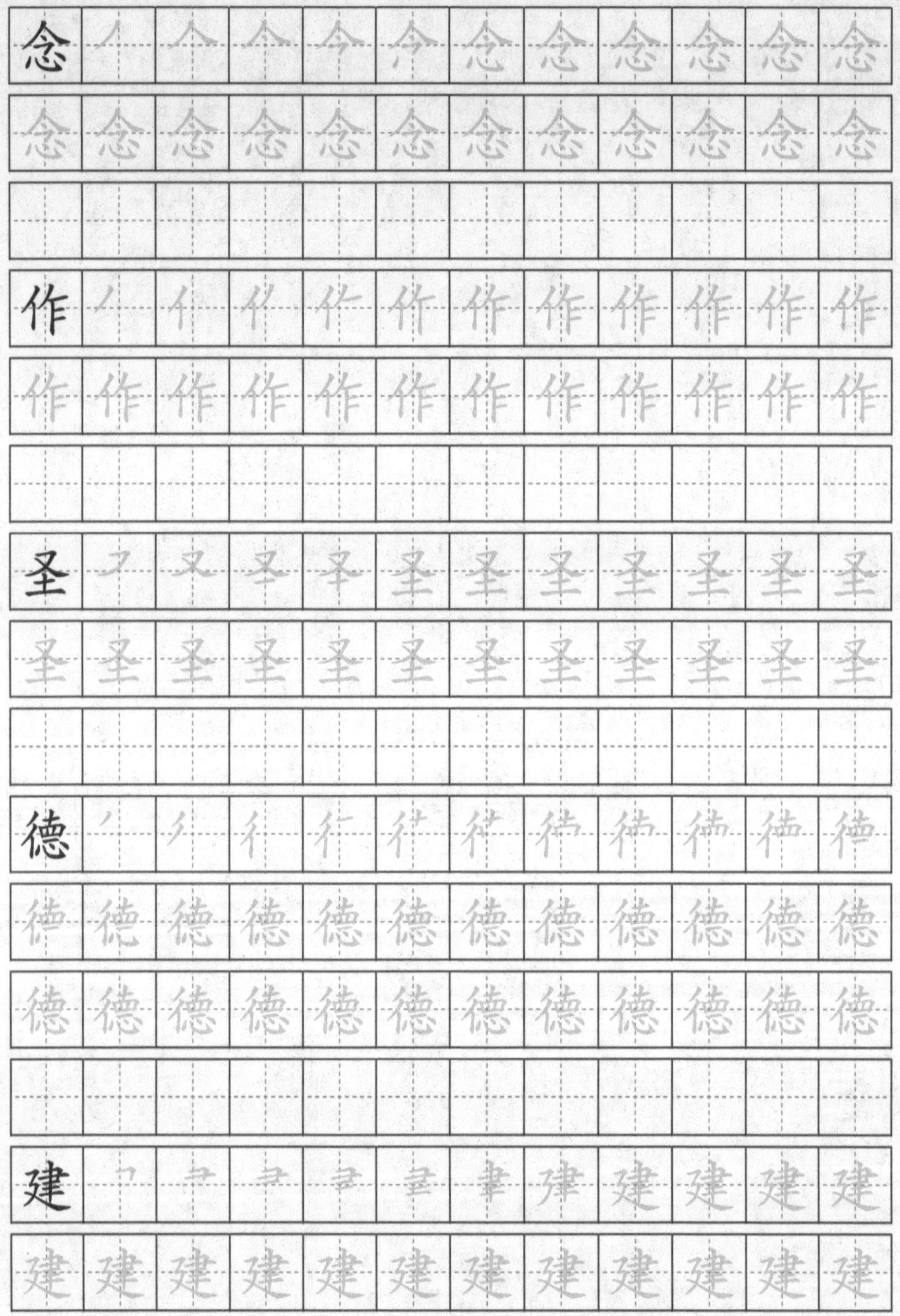
念
作
圣
德
建

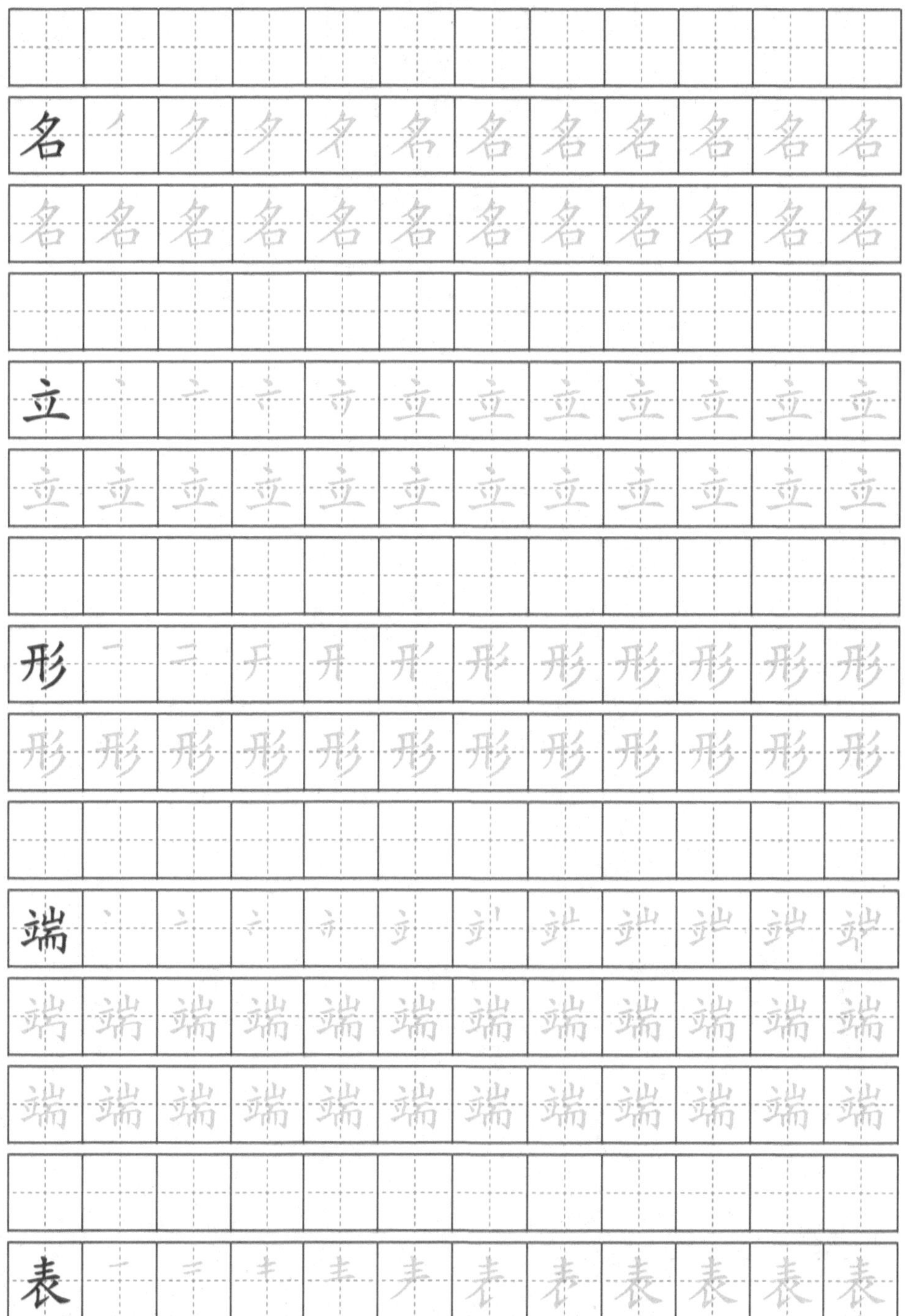

名
立
形
端
表

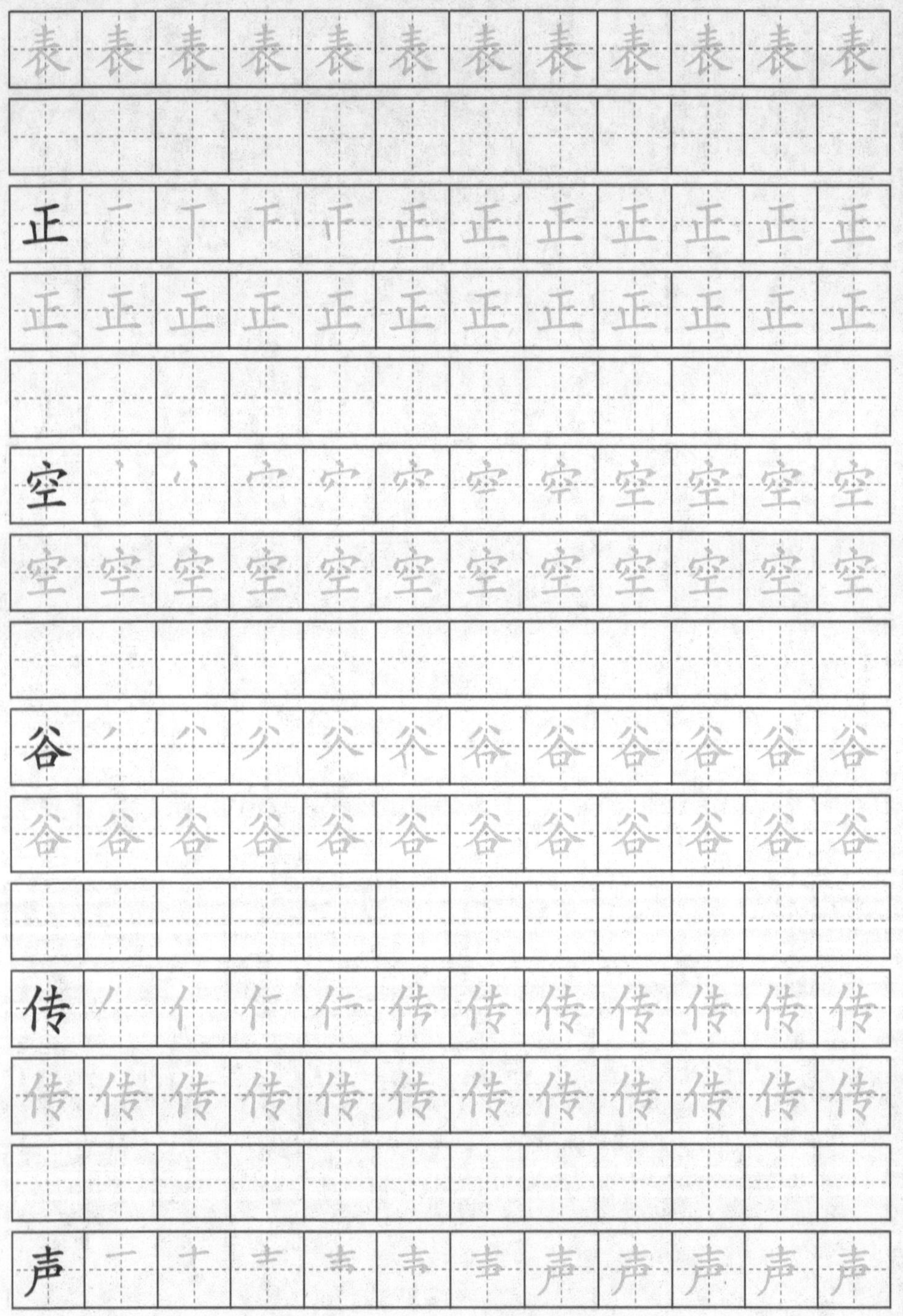

正
空
谷
传
声

声声声声声声声声声声声声

虚

虚虚虚虚虚虚虚虚虚虚虚虚

堂

堂堂堂堂堂堂堂堂堂堂堂堂

习 习习习习习习习习习习习

习习习习习习习习习习习习

听

听听听听听听听听听听听听

祸

祸祸祸祸祸祸祸祸祸祸祸祸

困

困困困困困困困困困困困困

恶

恶恶恶恶恶恶恶恶恶恶恶恶

积

积积积积积积积积积积积积

福

福福福福福福福福福福福福

福福福福福福福福福福福福

缘

善

庆

尺

壁

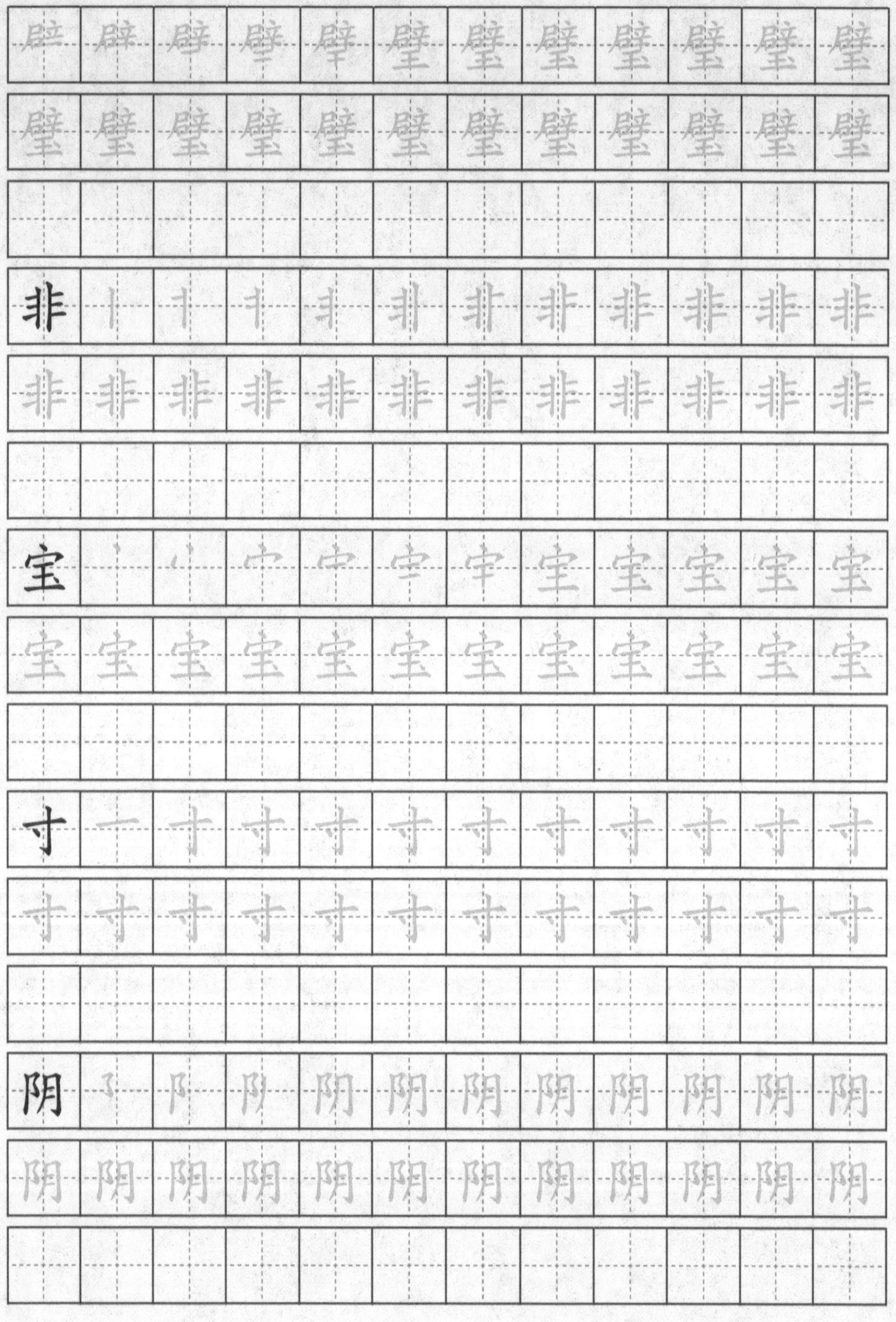

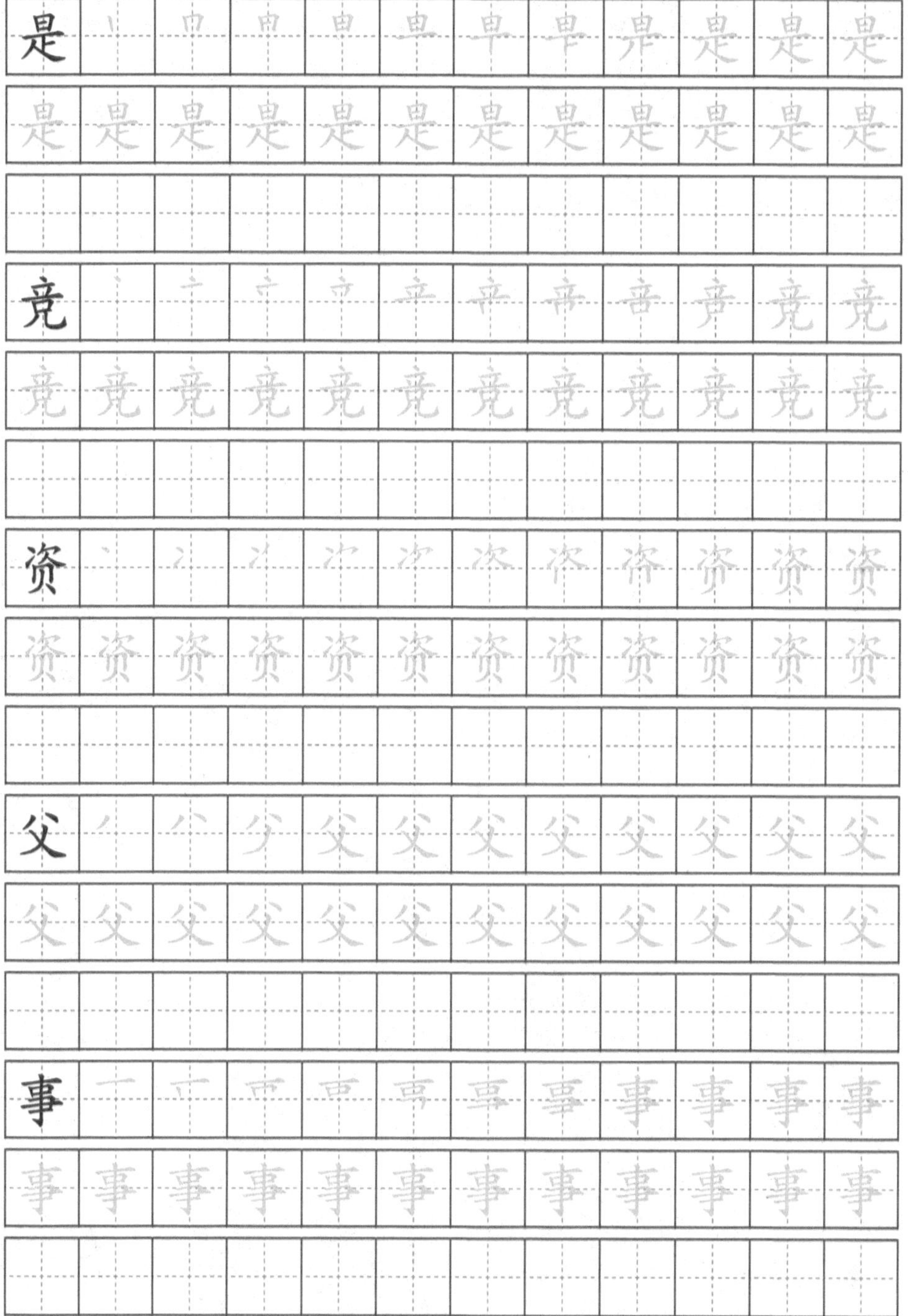
是
竟
资
父
事

君

曰

严

与

敬

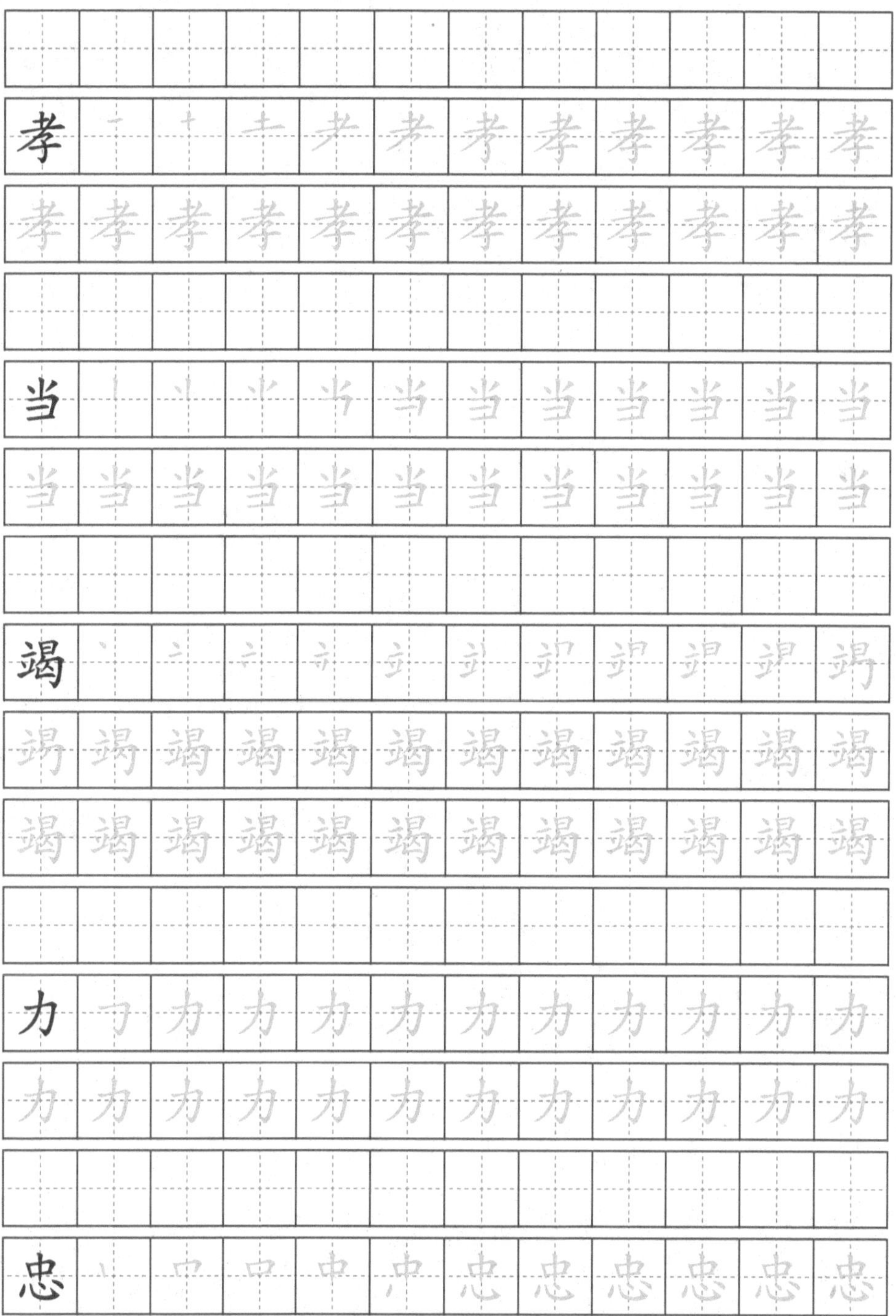

忠忠忠忠忠忠忠忠忠忠忠忠

则

则则则则则则则则则则则则

尽

尽尽尽尽尽尽尽尽尽尽尽尽

命

命命命命命命命命命命命命

临

临临临临临临临临临临临临

深

深深深深深深深深深深深深

履

履履履履履履履履履履履履履履履履履

薄

薄薄薄薄薄薄薄薄薄薄薄薄薄薄薄薄薄薄薄薄薄

夙

夙夙夙夙夙夙夙夙夙夙夙夙夙夙夙夙夙夙夙

兴

兴兴兴兴兴兴兴兴兴兴兴兴兴兴兴兴兴兴

温

清

似

兰

斯

斯斯斯斯斯斯斯斯斯斯斯斯

斯斯斯斯斯斯斯斯斯斯斯斯

馨

馨馨馨馨馨馨

馨馨馨馨馨馨馨馨馨馨馨馨

如

如如如如如如如

如如如如如如如如如如如如

松

松松松松松

松松松松松松松松松松松松

之

之之之之之之之之之之

之之之之之之之之之之之之

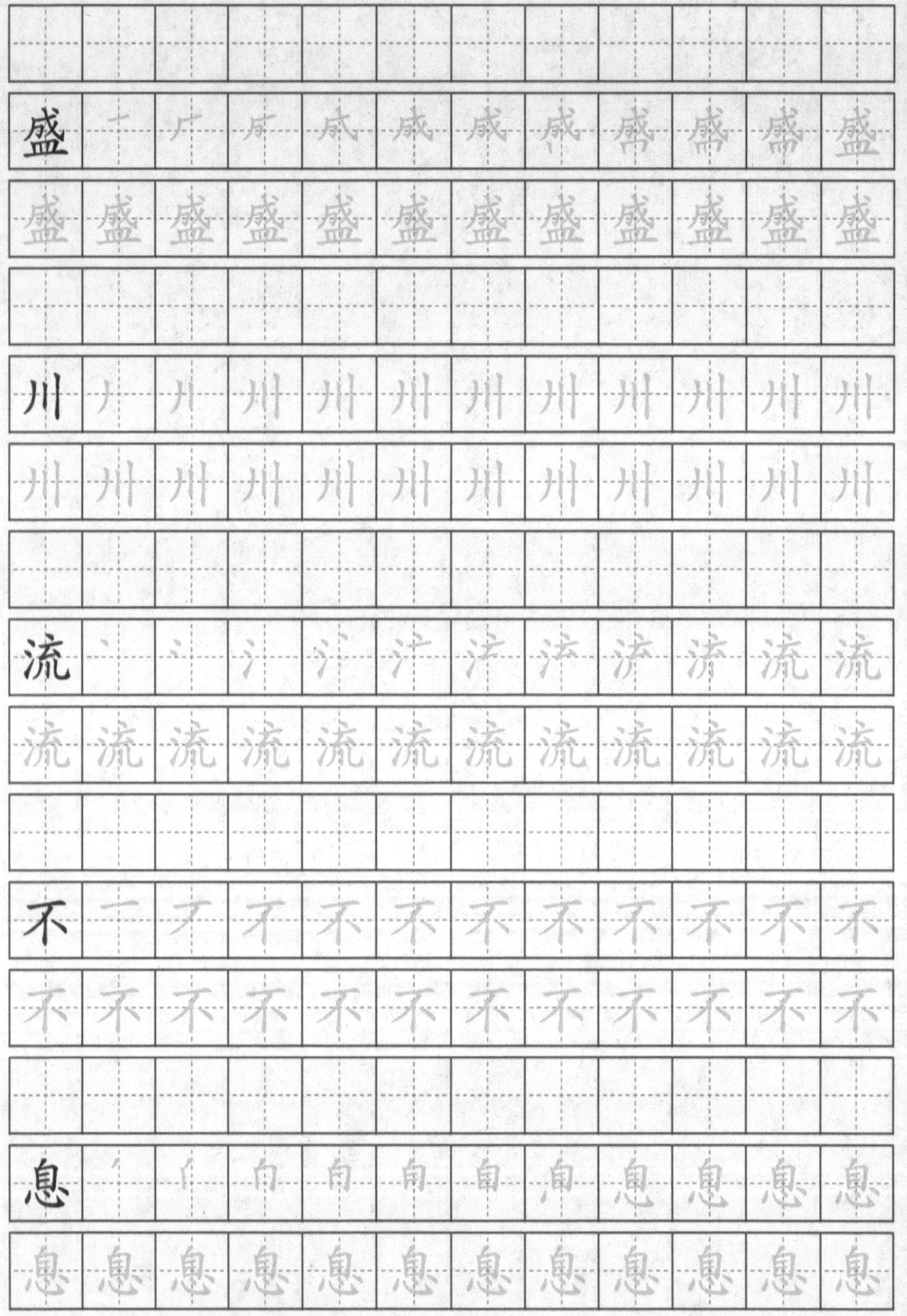

盛

川

流

不

息

渊

澄

取

映

容

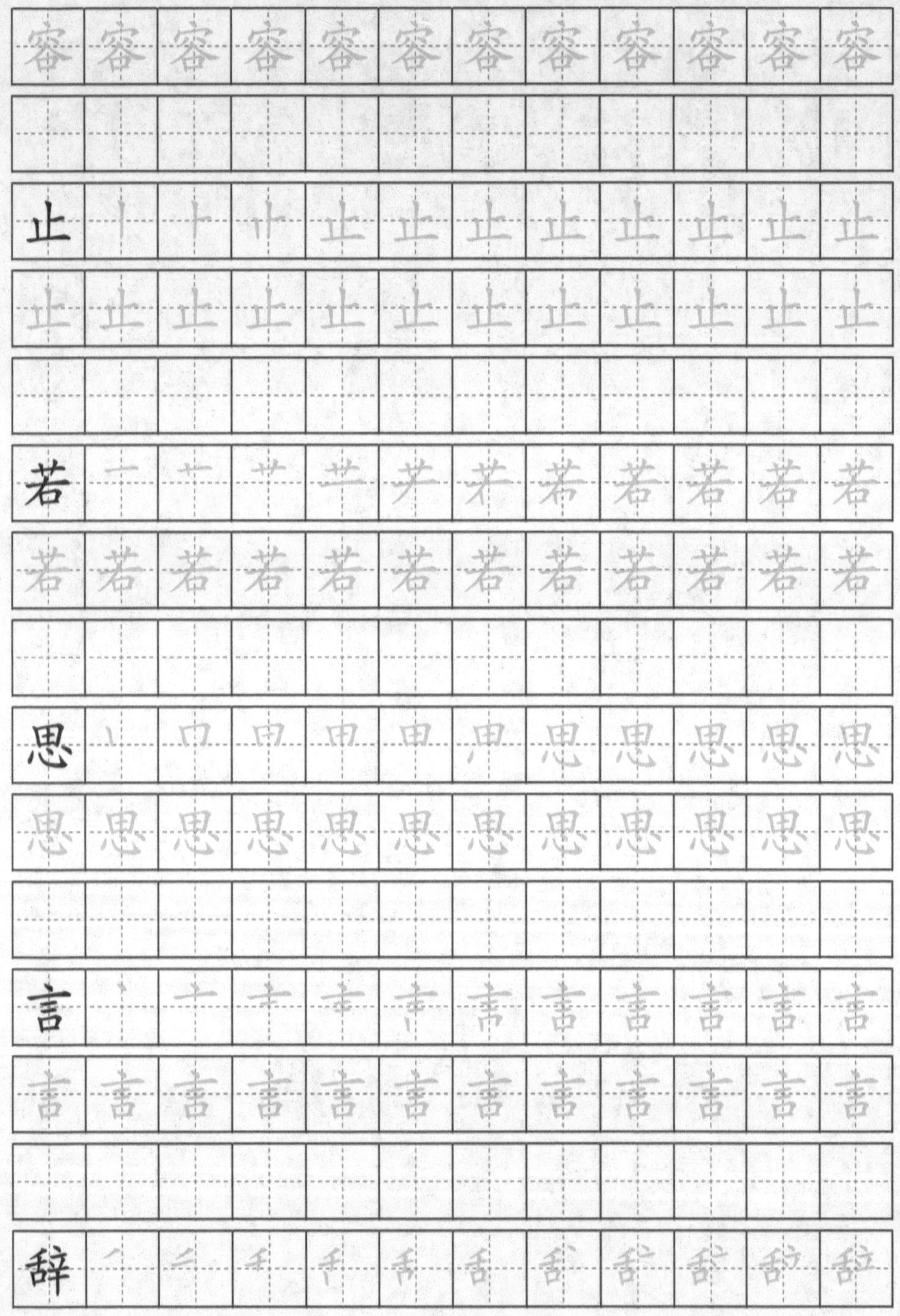

止
若
思
言
辭

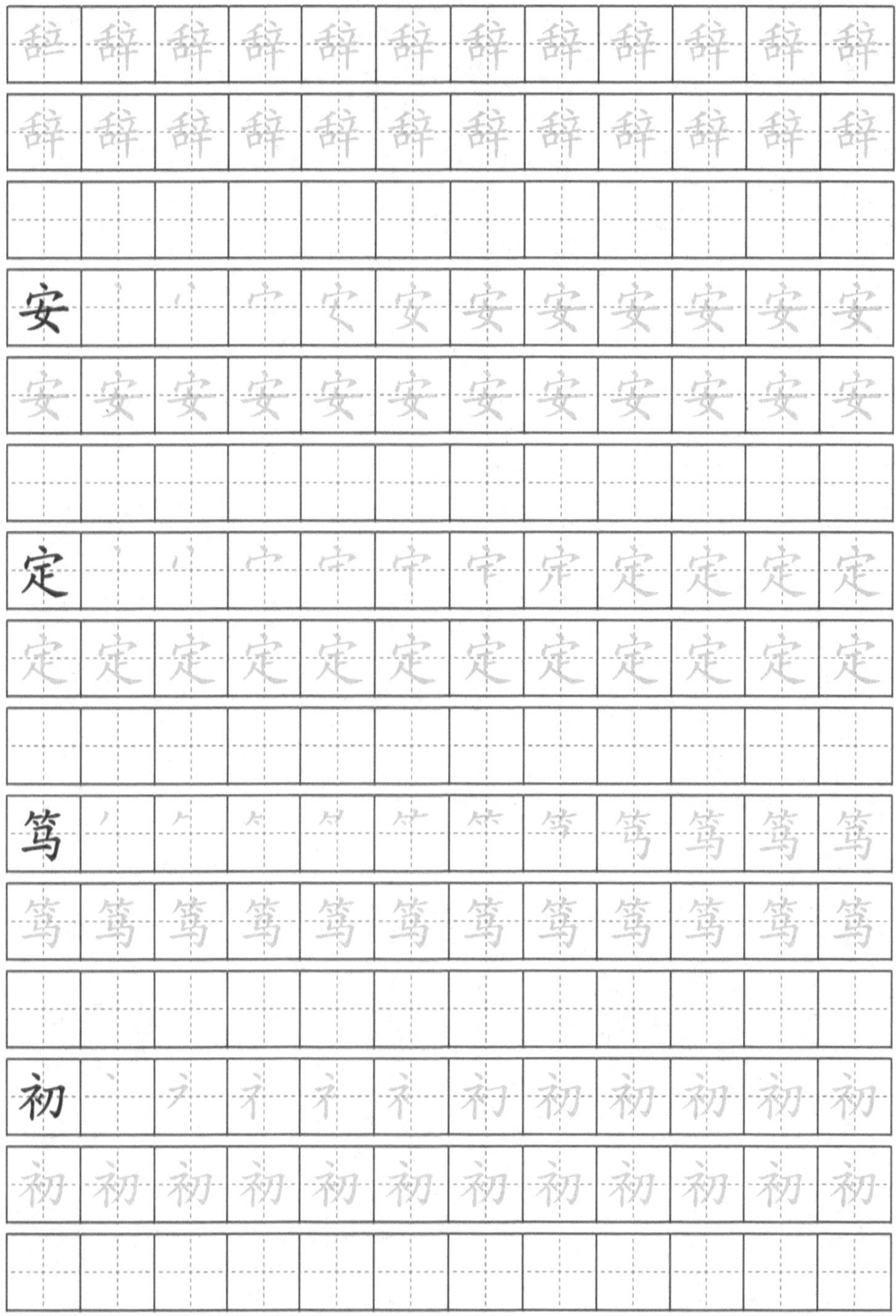

诚

美

慎

终

宜

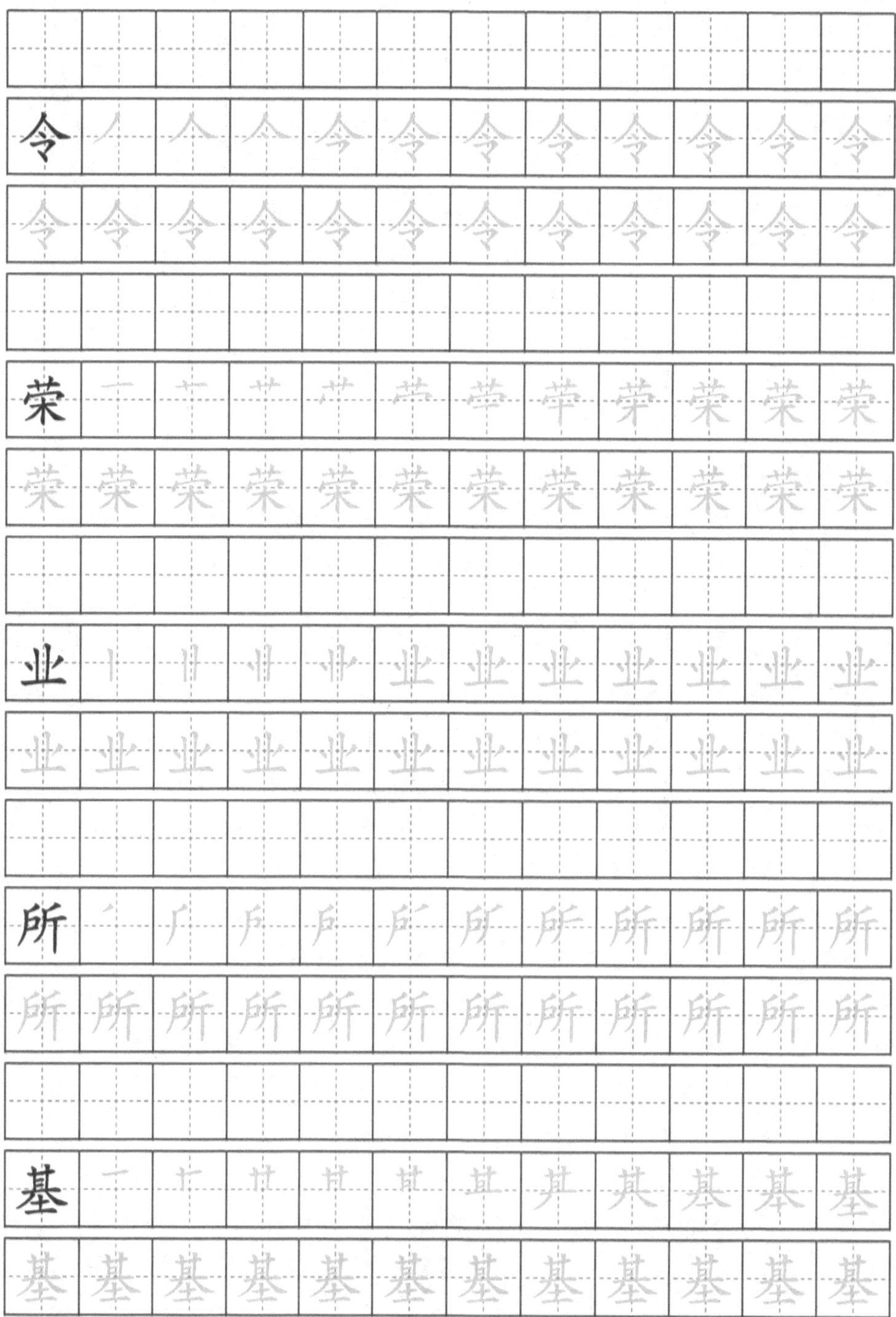

令

荣

业

所

基

籍

甚

无

竟

学

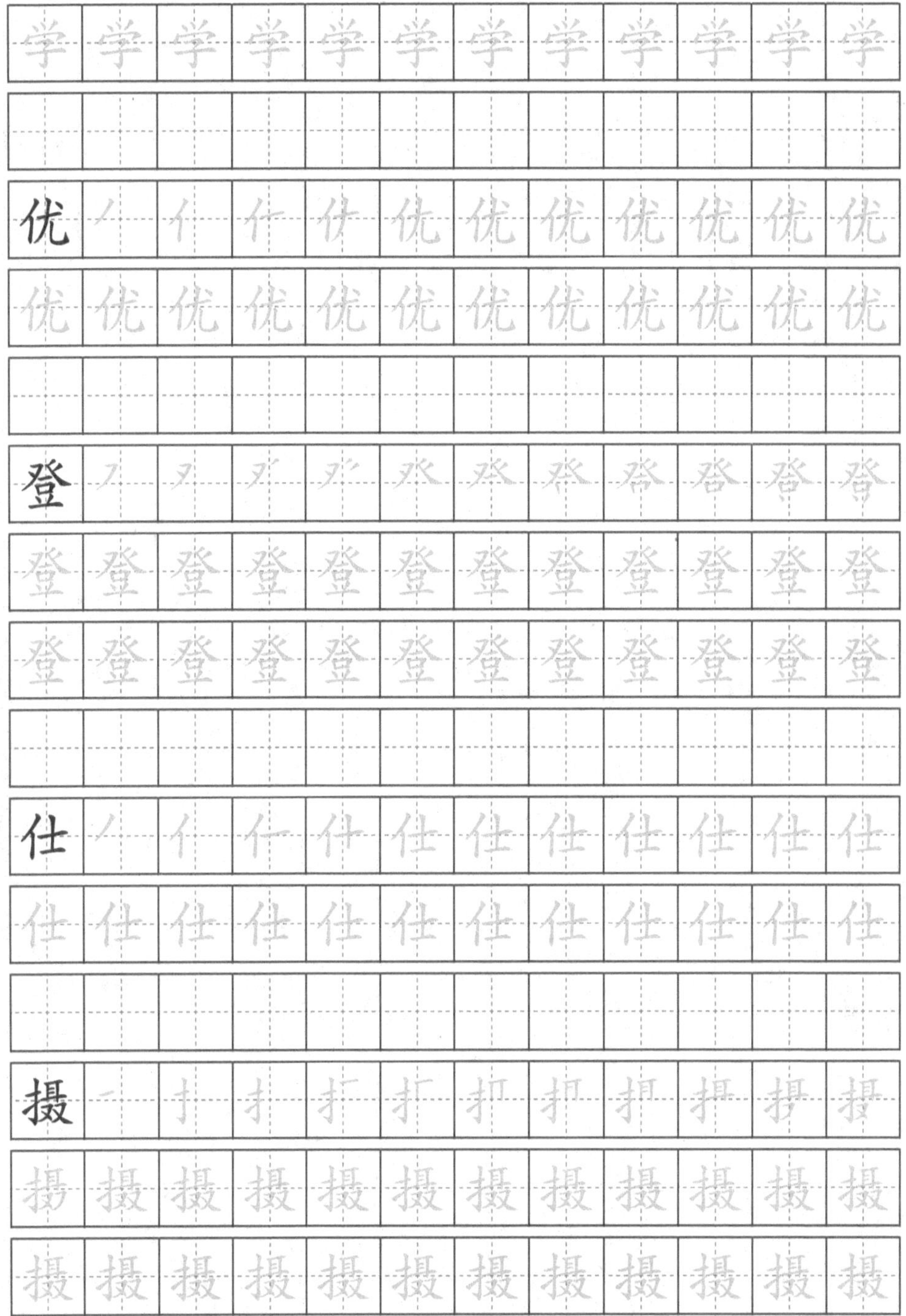

职

职职职职职职职职职职职职

从

从从从从从从从从从从从从

政

政政政政政政政政政政政政

存

存存存存存存存存存存存存

以

以以以以以以以以以以以以

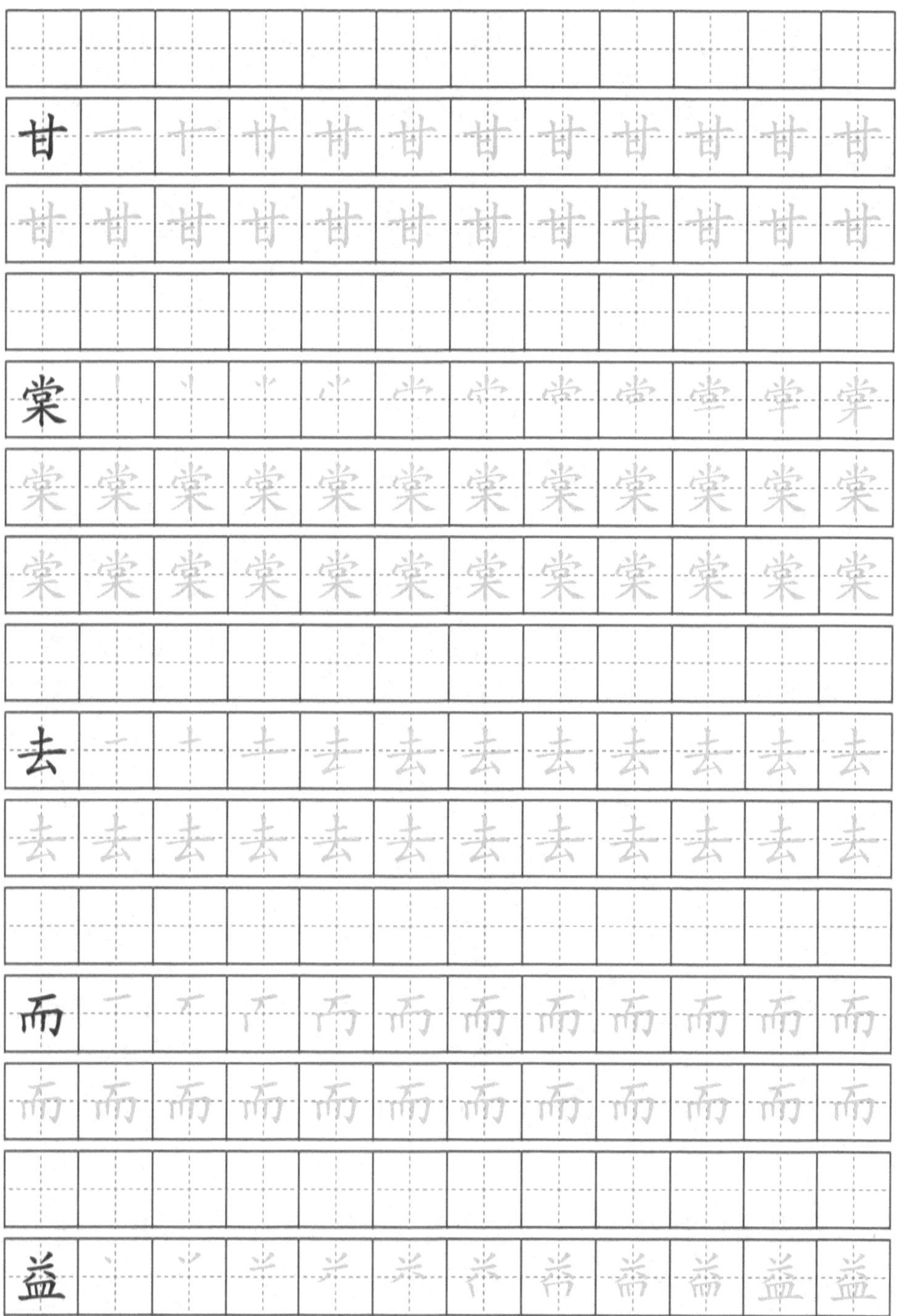

甘
棠
去
而
益

益益益益益益益益益益益益

咏

咏咏咏咏咏咏咏咏咏咏咏咏

乐

乐乐乐乐乐乐乐乐乐乐乐乐

殊

殊殊殊殊殊殊殊殊殊殊殊殊

贵

贵贵贵贵贵贵贵贵贵贵贵贵

贱

贱	贱	贱	贱	贱	贱	贱	贱	贱	贱	贱	贱
礼					礼	礼	礼	礼	礼	礼	礼
礼	礼	礼	礼	礼	礼	礼	礼	礼	礼	礼	礼
别							别	别	别	别	别
别	别	别	别	别	别	别	别	别	别	别	别
尊											尊
尊	尊	尊	尊	尊	尊	尊	尊	尊	尊	尊	尊
尊	尊	尊	尊	尊	尊	尊	尊	尊	尊	尊	尊
卑								卑	卑	卑	卑
卑	卑	卑	卑	卑	卑	卑	卑	卑	卑	卑	卑

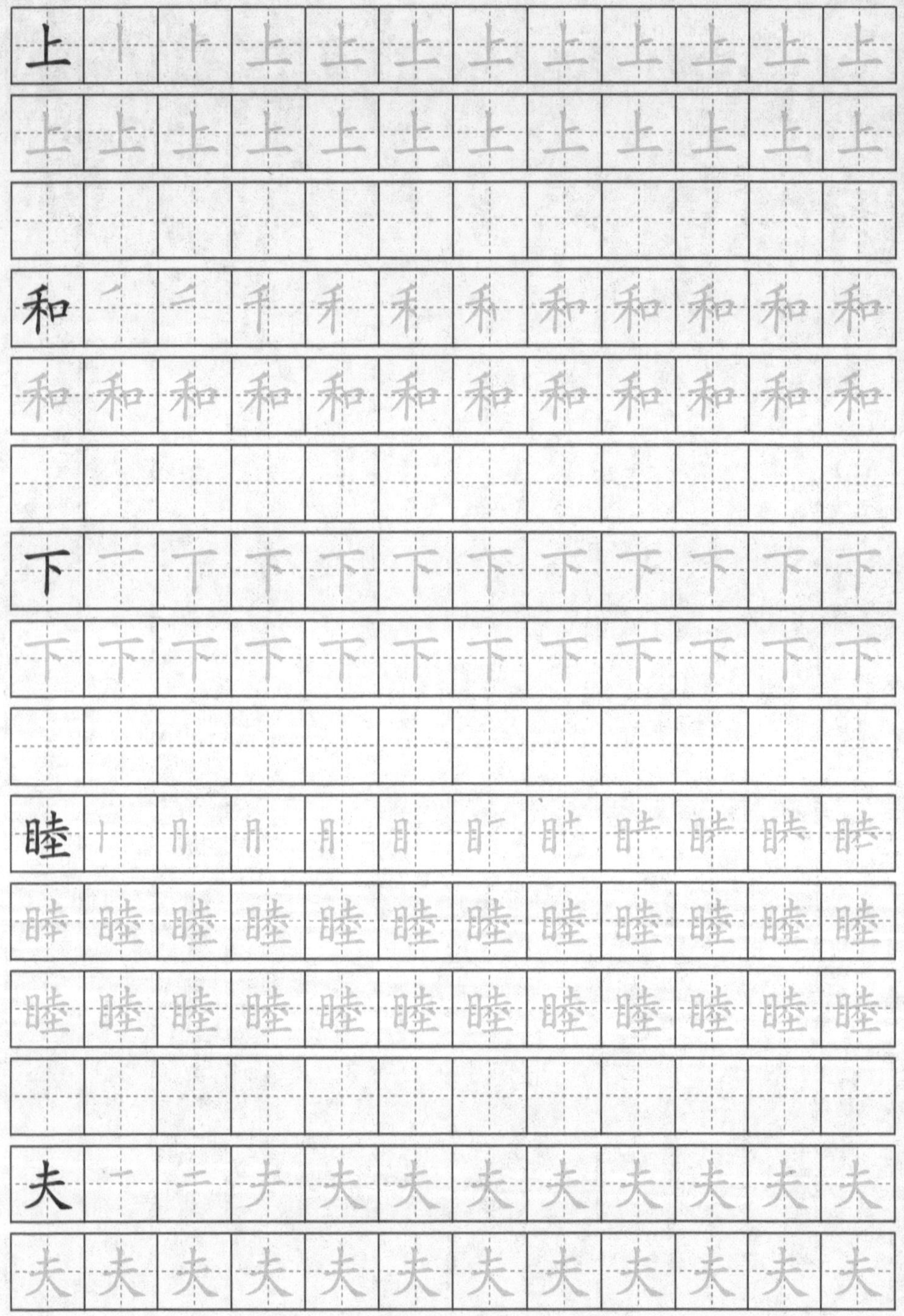
上
和
下
睦
夫

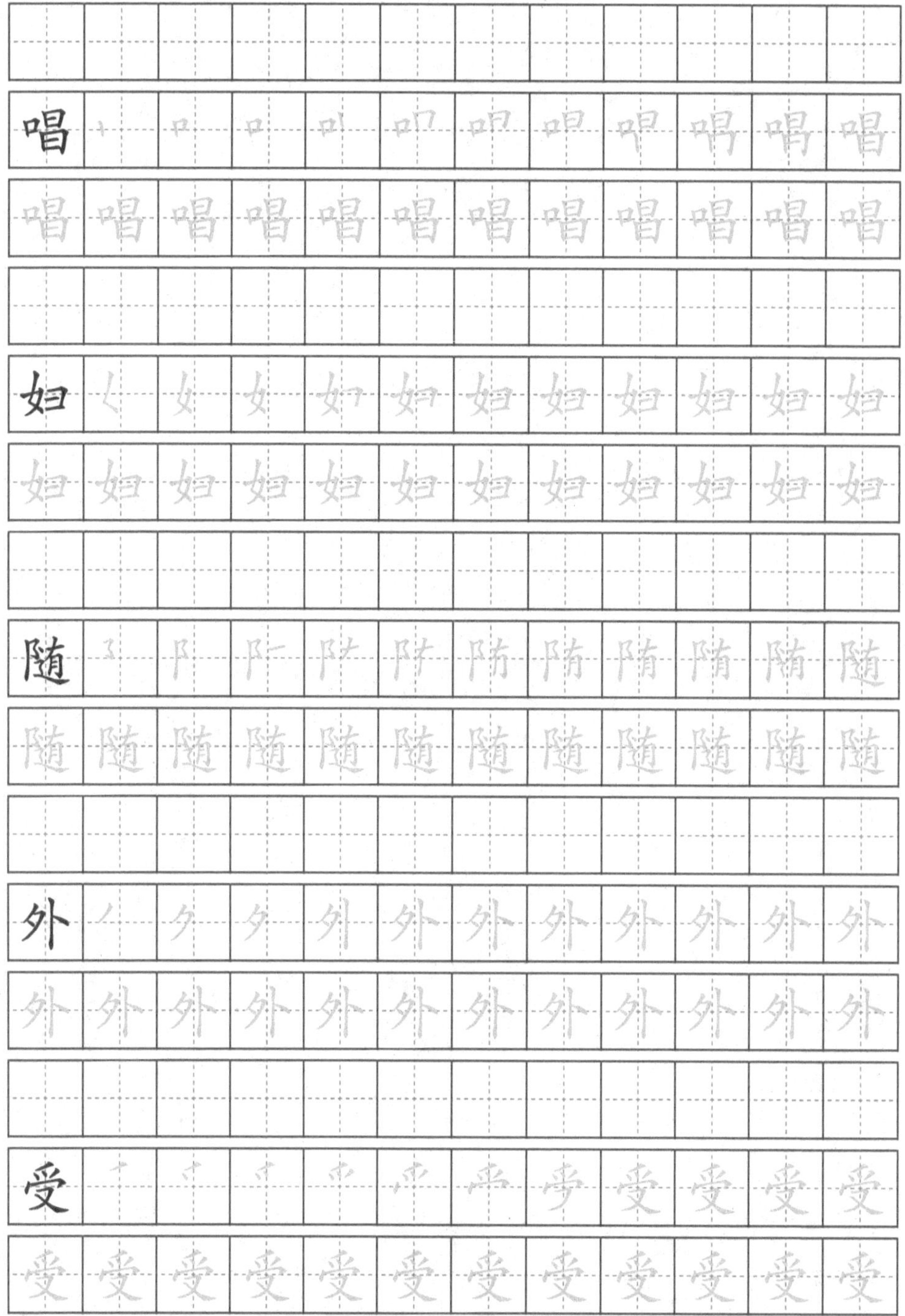

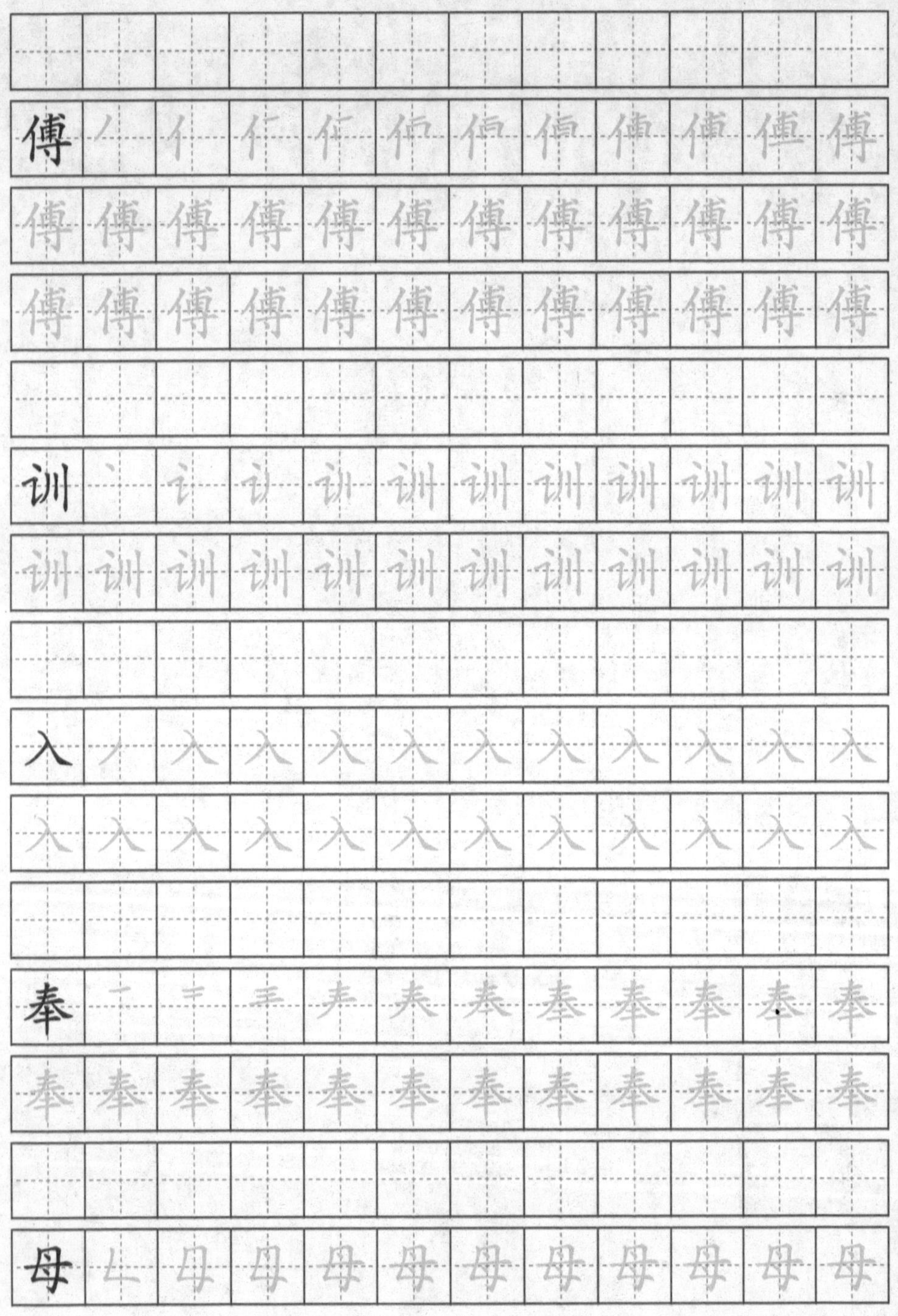
傳
训
入
奉
母

母母母母母母母母母母母母

仪

仪仪仪仪仪仪仪仪仪仪仪仪

诸

诸诸诸诸诸诸诸诸诸诸诸诸

姑

姑姑姑姑姑姑姑姑姑姑姑姑

伯

伯伯伯伯伯伯伯伯伯伯伯伯

叔

叔叔叔叔叔叔叔叔叔叔叔叔

犹 犹犹犹犹犹犹

犹犹犹犹犹犹犹犹犹犹犹犹

子 子子子子子子子子子子

子子子子子子子子子子子子

比 比比比比比比比比

比比比比比比比比比比比比

儿 儿儿儿儿儿儿儿儿儿儿

儿儿儿儿儿儿儿儿儿儿儿儿

孔 孔孔孔孔孔孔孔孔

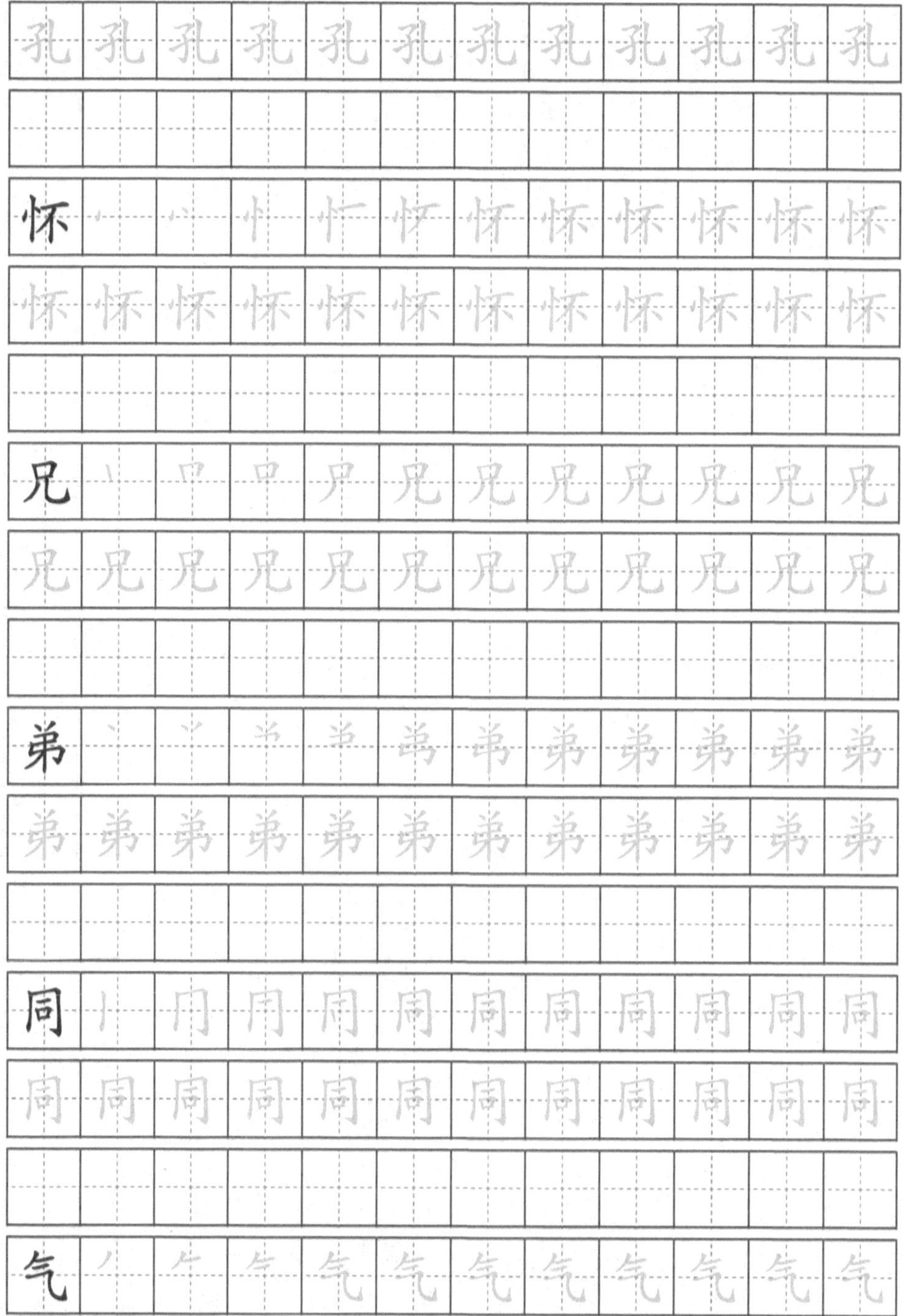
孔
怀
兄
弟
同
气

气气气气气气气气气气气气

连 连 连 连 连 连

连连连连连连连连连连连连

枝 枝 枝 枝 枝

枝枝枝枝枝枝枝枝枝枝枝枝

交 交 交 交 交 交 交

交交交交交交交交交交交交

友 友 友 友 友 友 友 友 友 友

友友友友友友友友友友友友

投 投 投 投 投 投

投投投投投投投投投投投投

分

分分分分分分分分分分分分

切

切切切切切切切切切切切切

磨

磨磨磨磨磨磨磨磨磨磨磨

磨磨磨磨磨磨磨磨磨磨磨磨

箴

箴箴箴箴箴箴箴箴箴箴箴

箴箴箴箴箴箴箴箴箴箴箴箴

规

仁

慈

隐

恻

恻恻恻恻恻恻恻恻恻恻恻恻

造 造造造

造造造造造造造造造造造造

次 次次次次次次次

次次次次次次次次次次次次

弗 弗弗弗弗弗弗弗

弗弗弗弗弗弗弗弗弗弗弗弗

离 离离离离

离离离离离离离离离离离离

节 节节节节节节节节

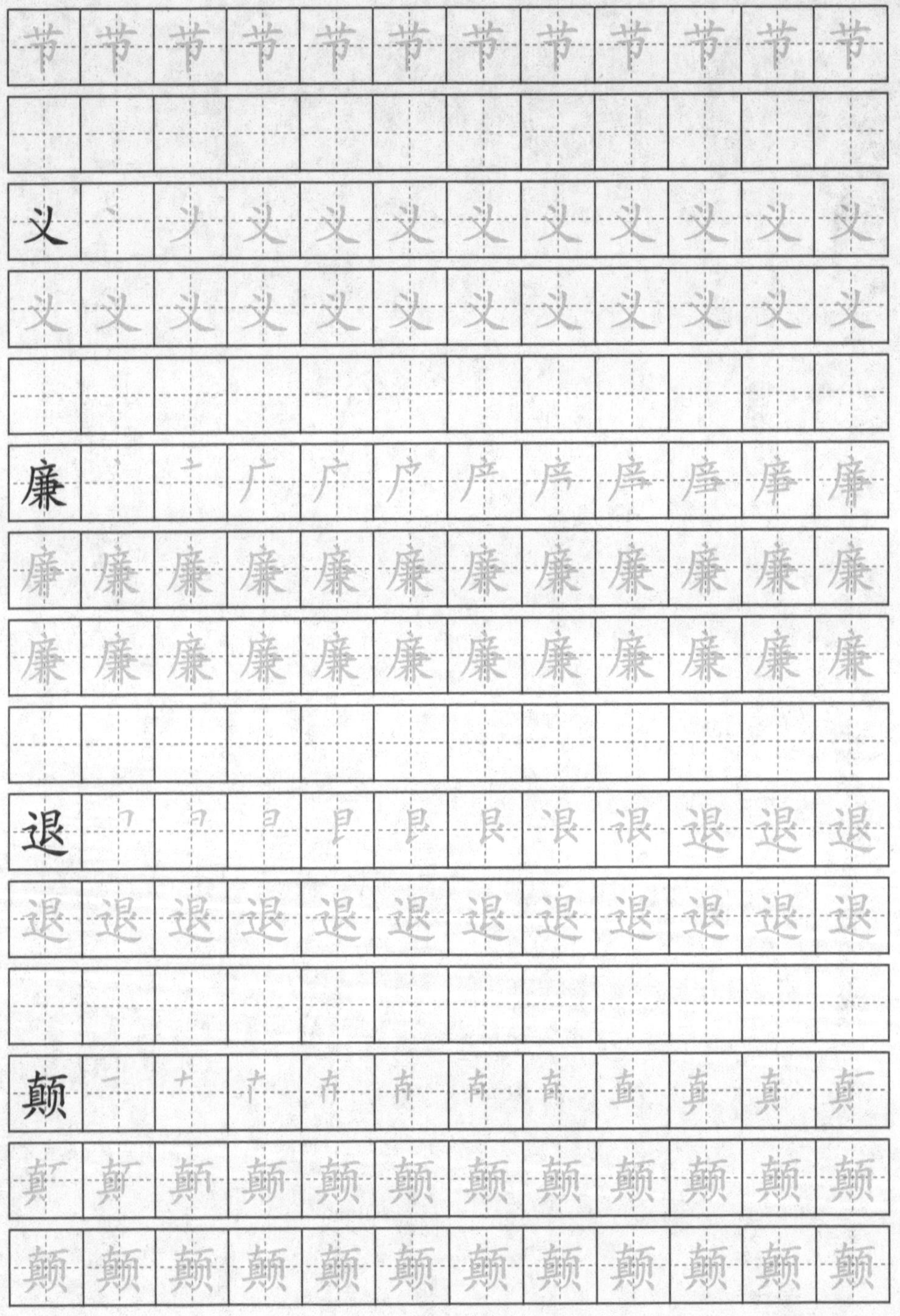

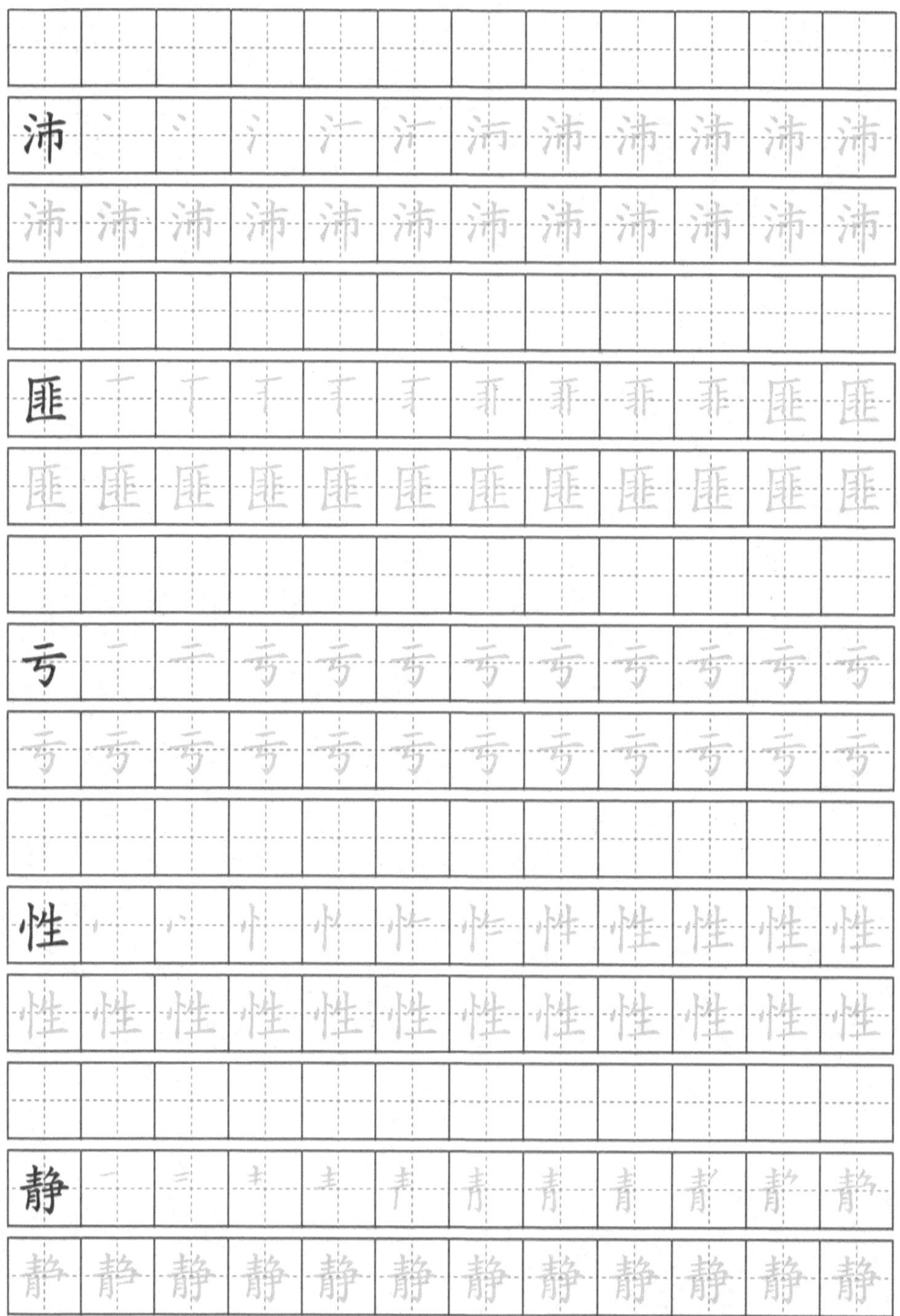

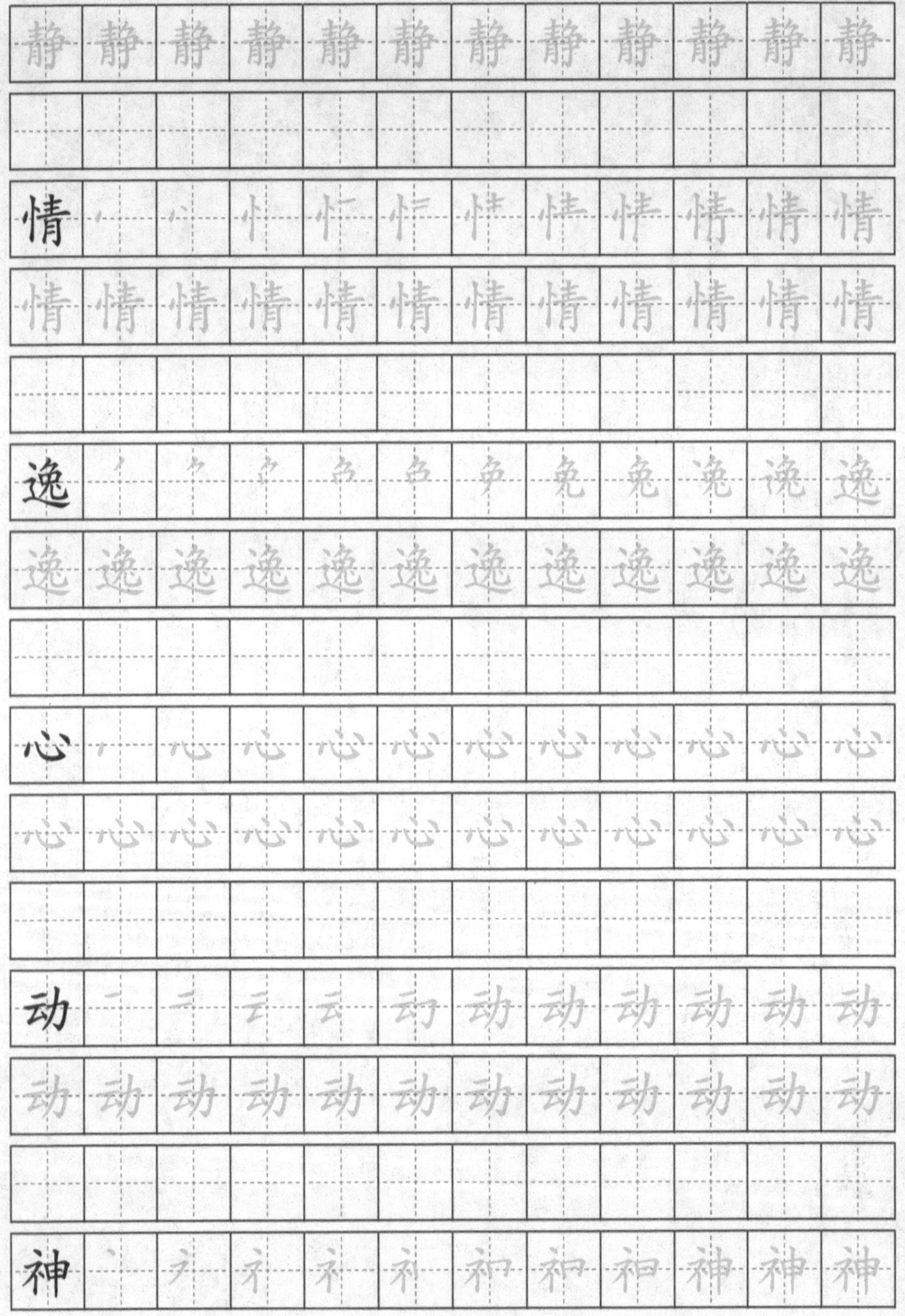

静 静 静 静 静 静 静 静 静 静 静 静

情 情 情 情 情 情 情 情 情 情 情 情

逸 逸 逸 逸 逸 逸 逸 逸 逸 逸 逸 逸

心 心 心 心 心 心 心 心 心 心 心 心

动 动 动 动 动 动 动 动 动 动 动 动

神

神神神神神神神神神神神神

疲

疲疲疲疲疲疲疲疲疲疲疲疲

守

守守守守守守守守守守守守

真

真真真真真真真真真真真真

志

志志志志志志志志志志志志

满

满	满	满	满	满	满	满	满	满	满	满	满
满	满	满	满	满	满	满	满	满	满	满	满
逐											逐
逐	逐	逐	逐	逐	逐	逐	逐	逐	逐	逐	逐
物											物
物	物	物	物	物	物	物	物	物	物	物	物
意											意
意	意	意	意	意	意	意	意	意	意	意	意
意	意	意	意	意	意	意	意	意	意	意	意
移											移
移	移	移	移	移	移	移	移	移	移	移	移

坚

持

雅

操

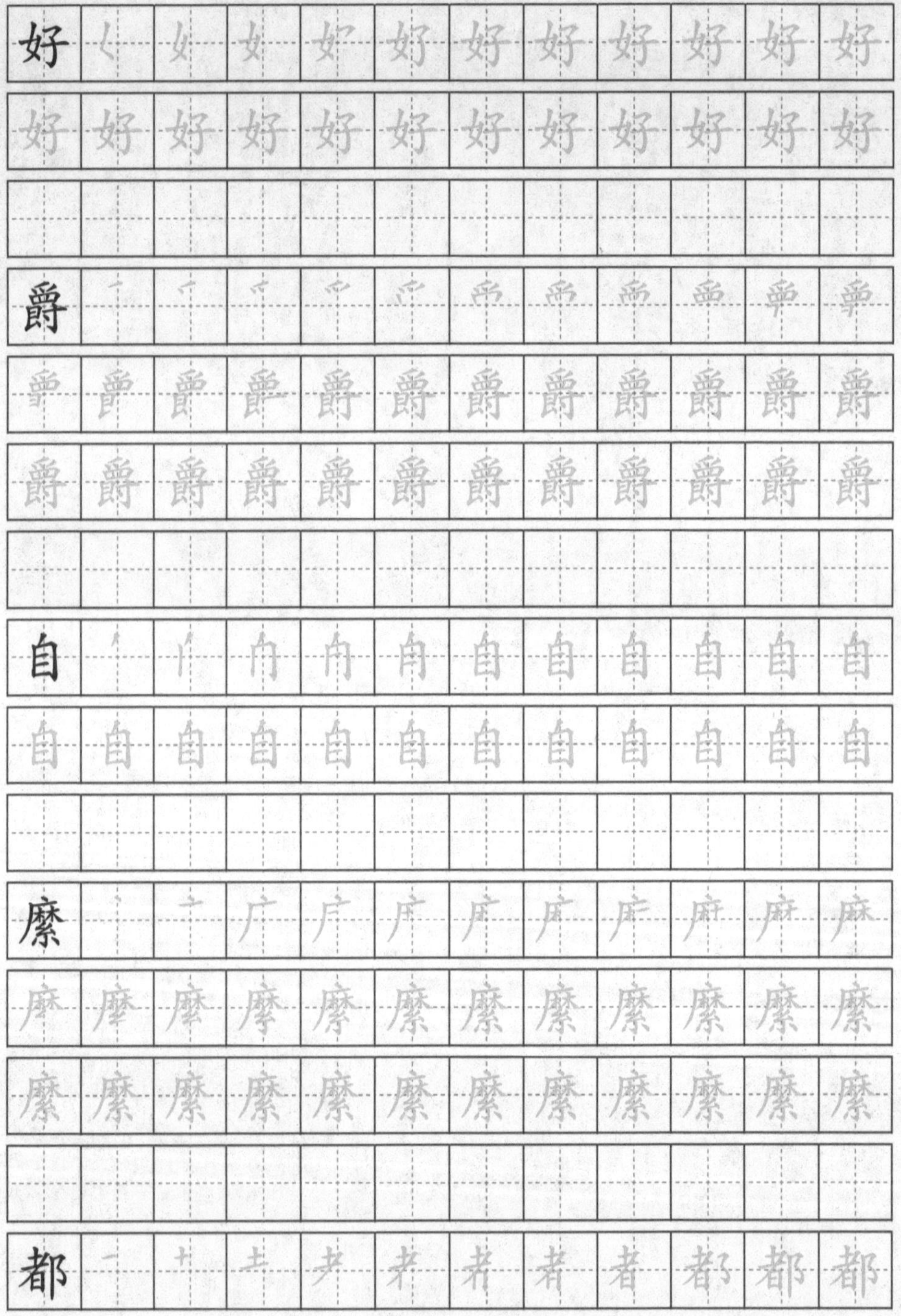
好
爵
自
縻
都

都都都都都都都都都都都都

邑

邑邑邑邑邑邑邑邑邑邑邑邑

华

华华华华华华华华华华华华

夏

夏夏夏夏夏夏夏夏夏夏夏夏

东

东东东东东东东东东东东东

西

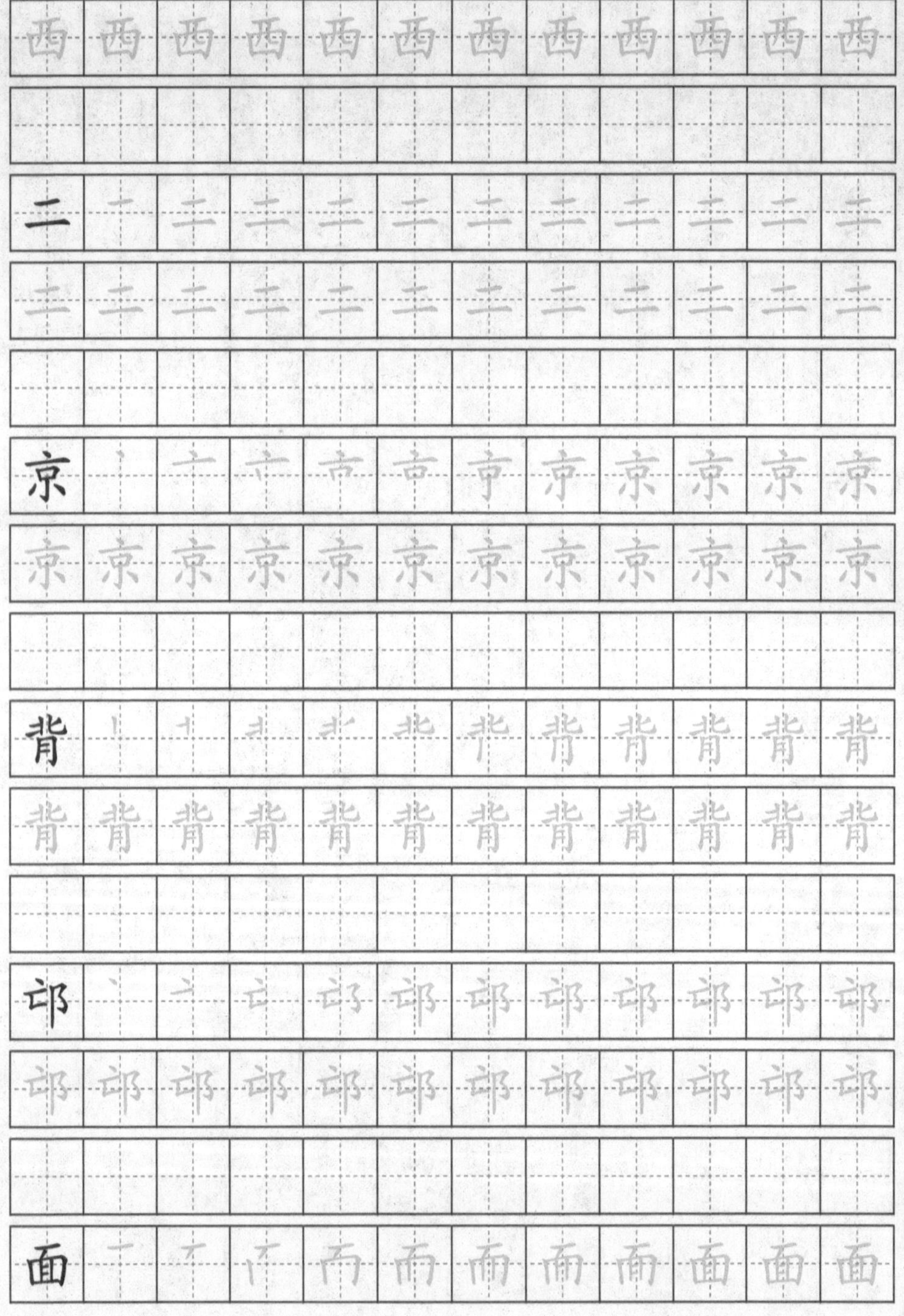

面面面面面面面面面面面面

洛

洛洛洛洛洛洛洛洛洛洛洛洛

浮

浮浮浮浮浮浮浮浮浮浮浮浮

渭

渭渭渭渭渭渭渭渭渭渭渭渭

渭渭渭渭渭渭渭渭渭渭渭渭

据

据据据据据据据据据据据据

泾

宫

殿

盘

郁

楼

观

飞

惊

图

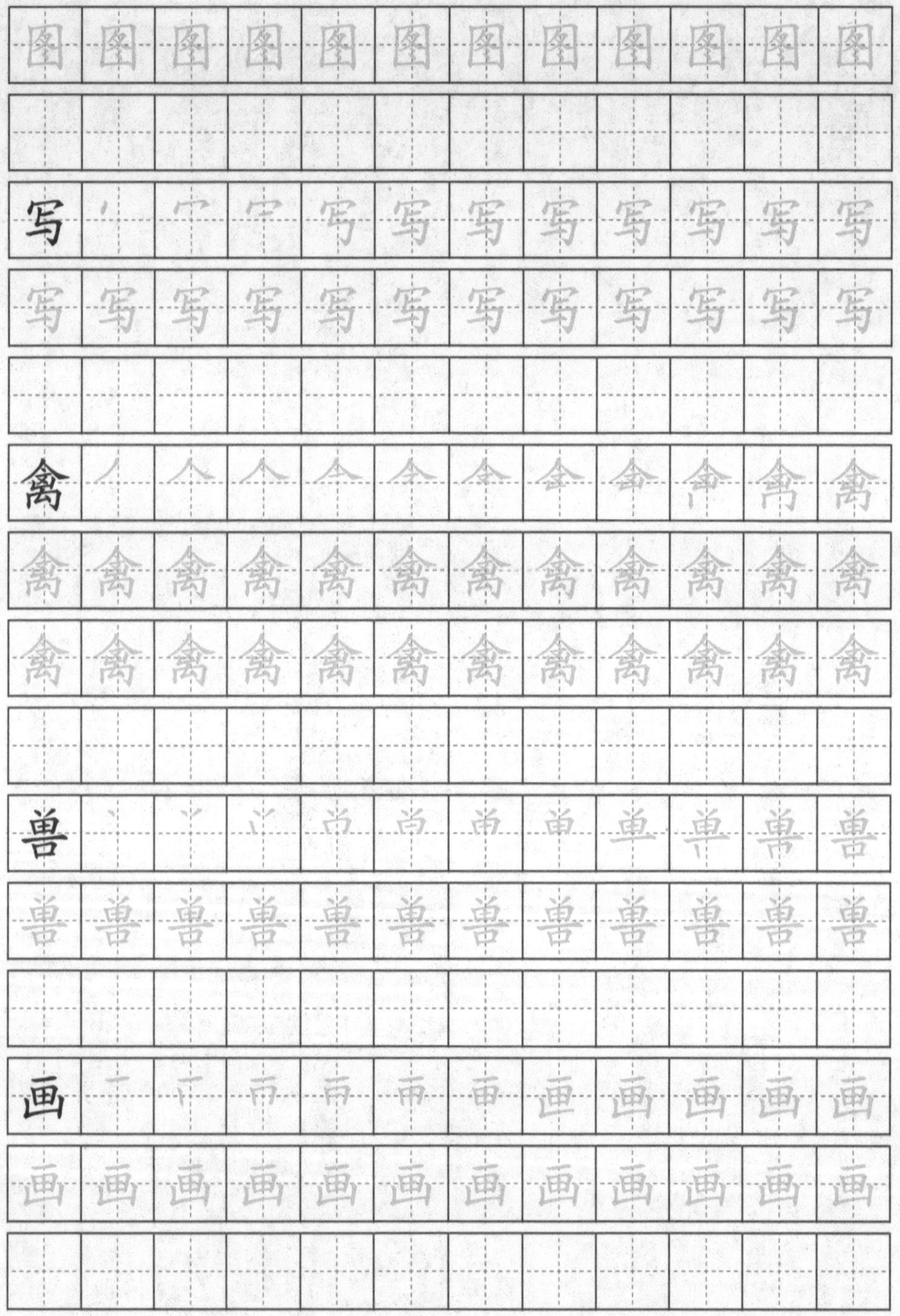
写
禽
兽
画

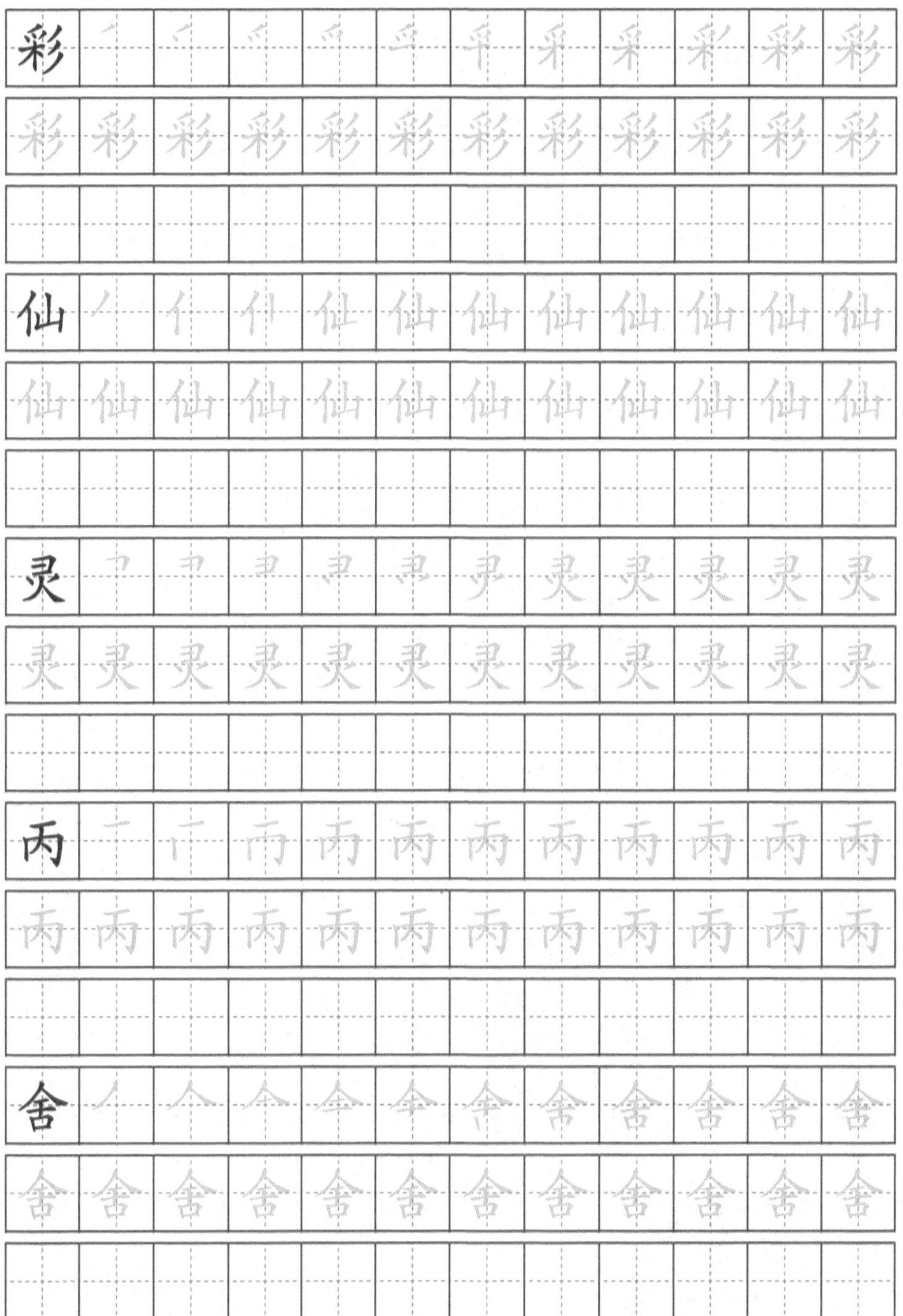
彩
仙
灵
丙
舍

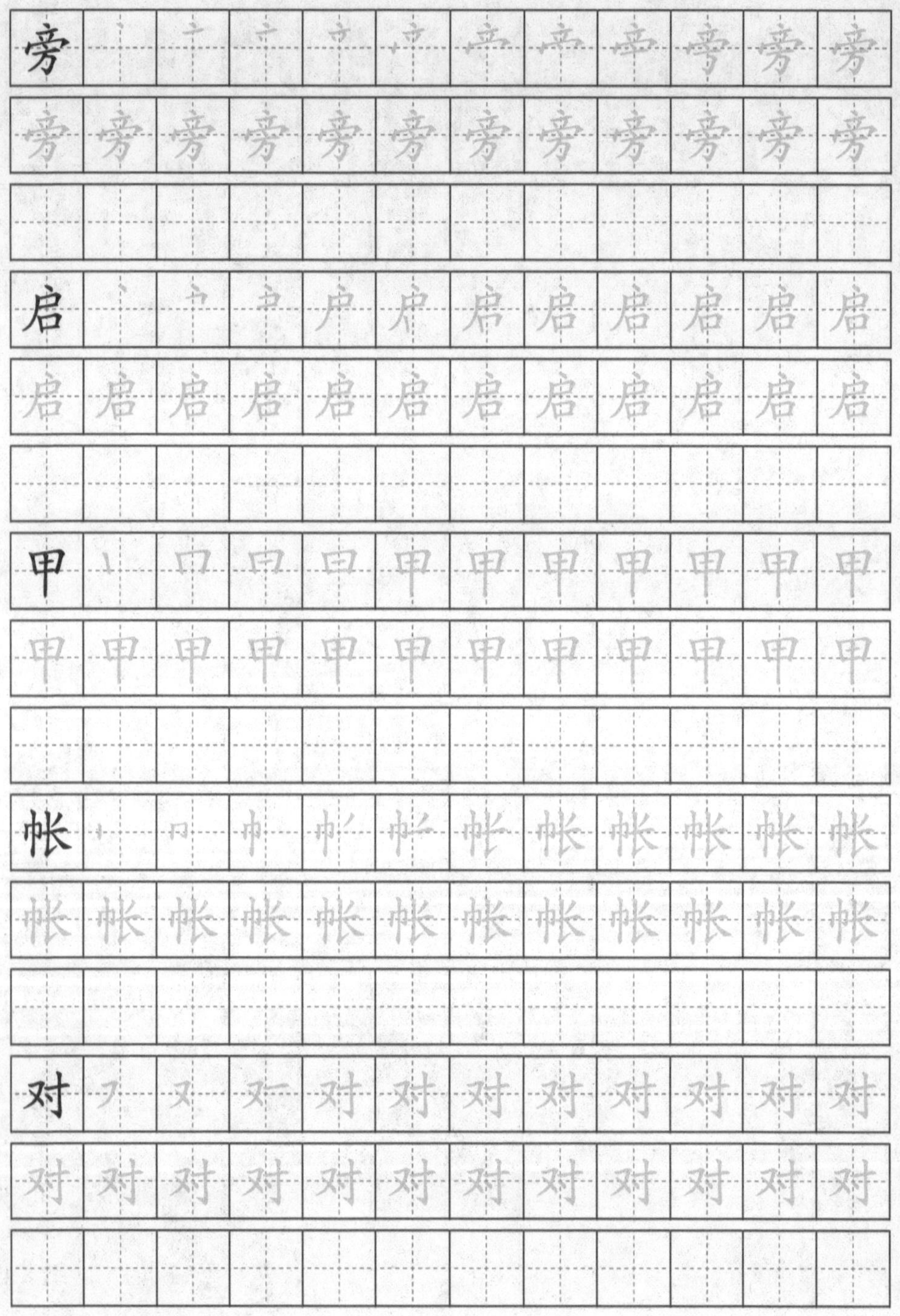
旁
启
甲
帐
对

榲

肆

筳

设

席											
席	席	席	席	席	席	席	席	席	席	席	席
鼓											
	鼓	鼓	鼓	鼓	鼓	鼓	鼓	鼓	鼓	鼓	鼓
鼓	鼓	鼓	鼓	鼓	鼓	鼓	鼓	鼓	鼓	鼓	鼓
瑟											
瑟	瑟	瑟	瑟	瑟	瑟	瑟	瑟	瑟	瑟	瑟	瑟
瑟	瑟	瑟	瑟	瑟	瑟	瑟	瑟	瑟	瑟	瑟	瑟
吹							吹	吹	吹	吹	吹
吹	吹	吹	吹	吹	吹	吹	吹	吹	吹	吹	吹
笙											笙

笙笙笙笙笙笙笙笙笙笙笙笙

升

阶

纳

陛

弁

弃弃弃弃弃弃弃弃弃弃弃弃

转

转转转转转转转转转转转转

疑

疑疑疑疑疑疑疑疑疑疑疑

疑疑疑疑疑疑疑疑疑疑疑疑

星

星星星星星星星星星星星星

右

右右右右右右右右右右右右

通

广

内

左

达

承

明

既

集

坟

典

亦

聚

群

英

英英英英英英英英英英英英

杜

杜杜杜杜杜杜杜杜杜杜杜杜

稿

稿稿稿稿稿稿稿稿稿稿稿稿

稿稿稿稿稿稿稿稿稿稿稿稿

钟

钟钟钟钟钟钟钟钟钟钟钟钟

隶

隶隶隶隶隶隶隶隶隶隶隶隶

漆

书

壁

经

府

罗

将

相

路

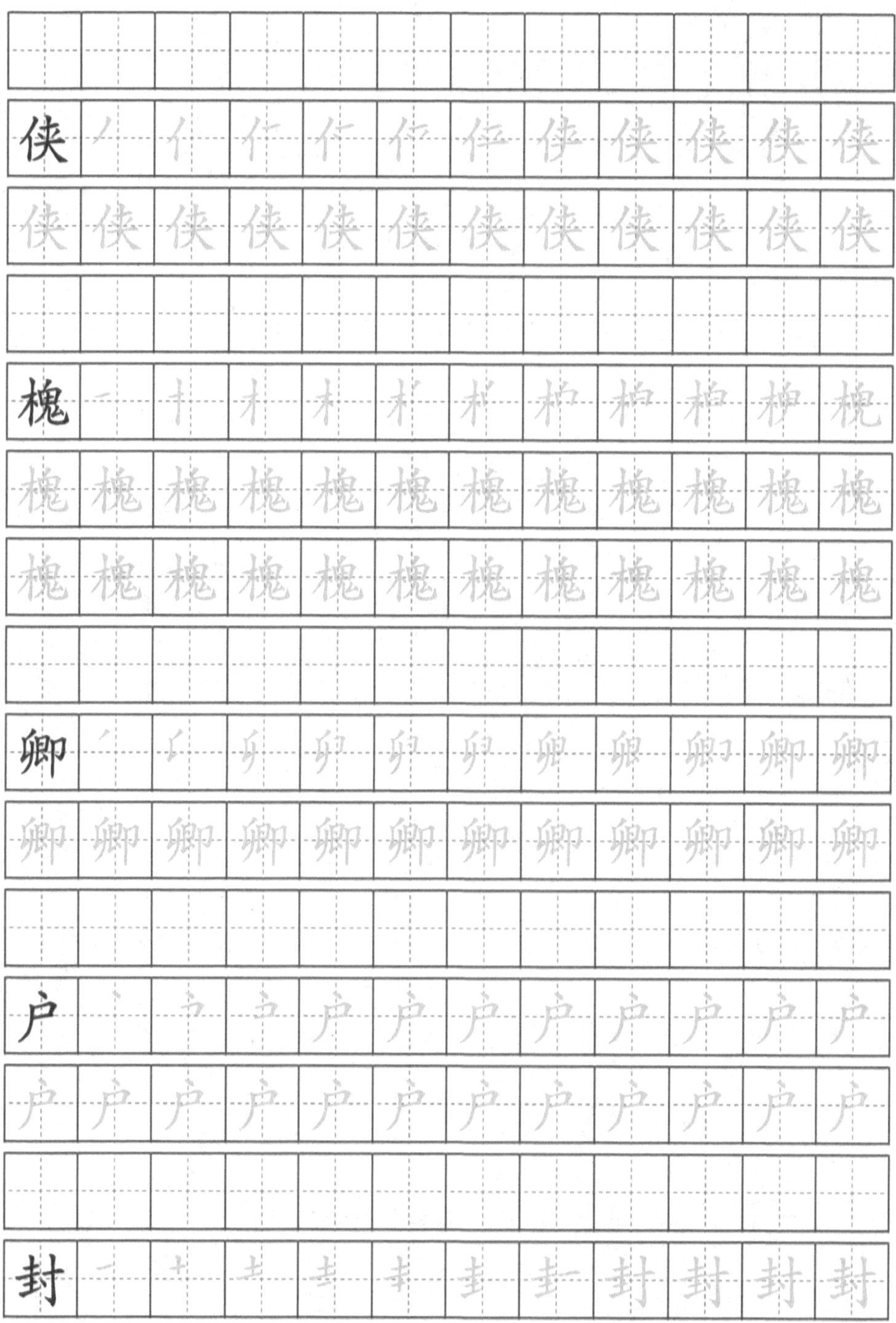

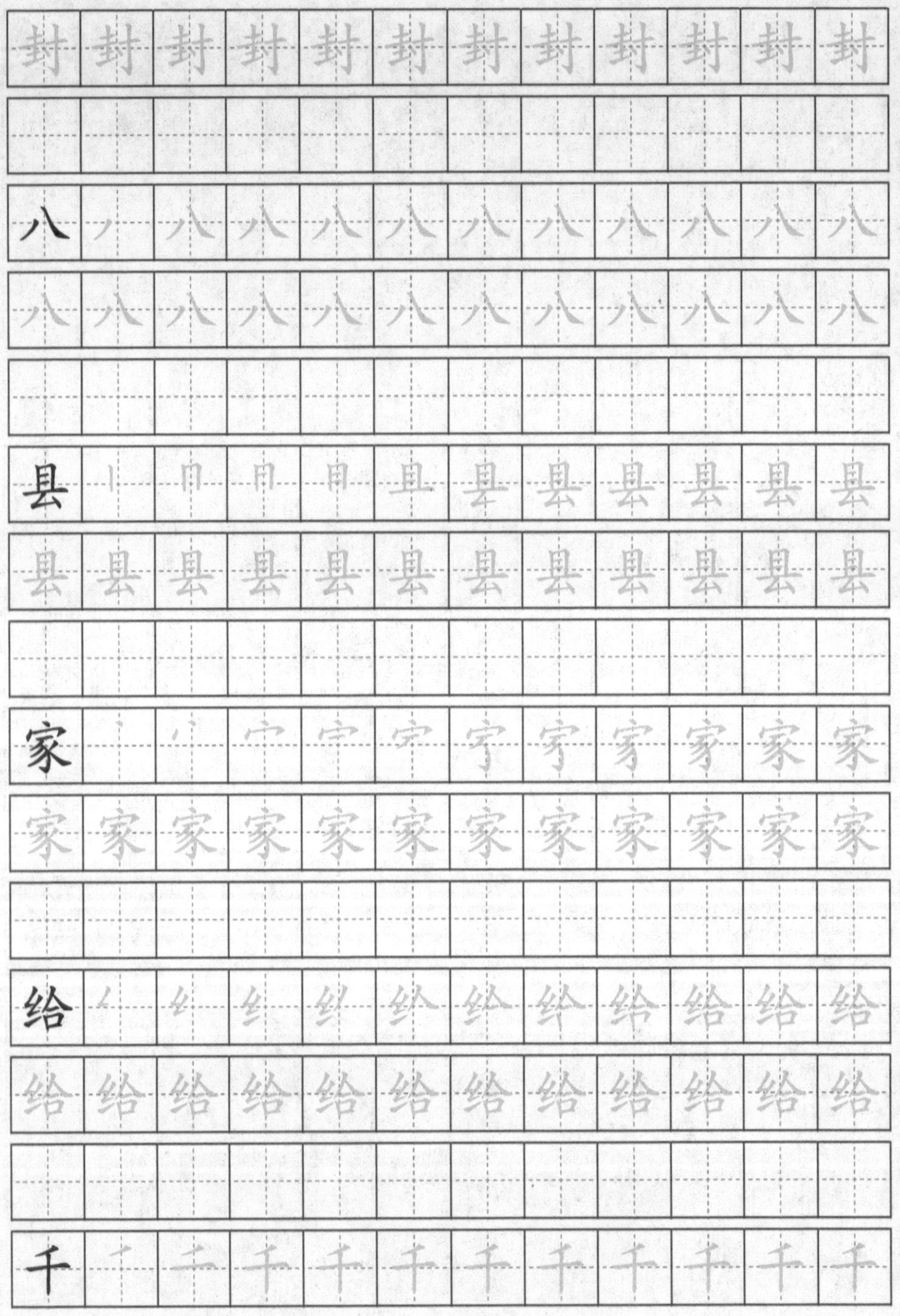
封
八
县
家
给
千

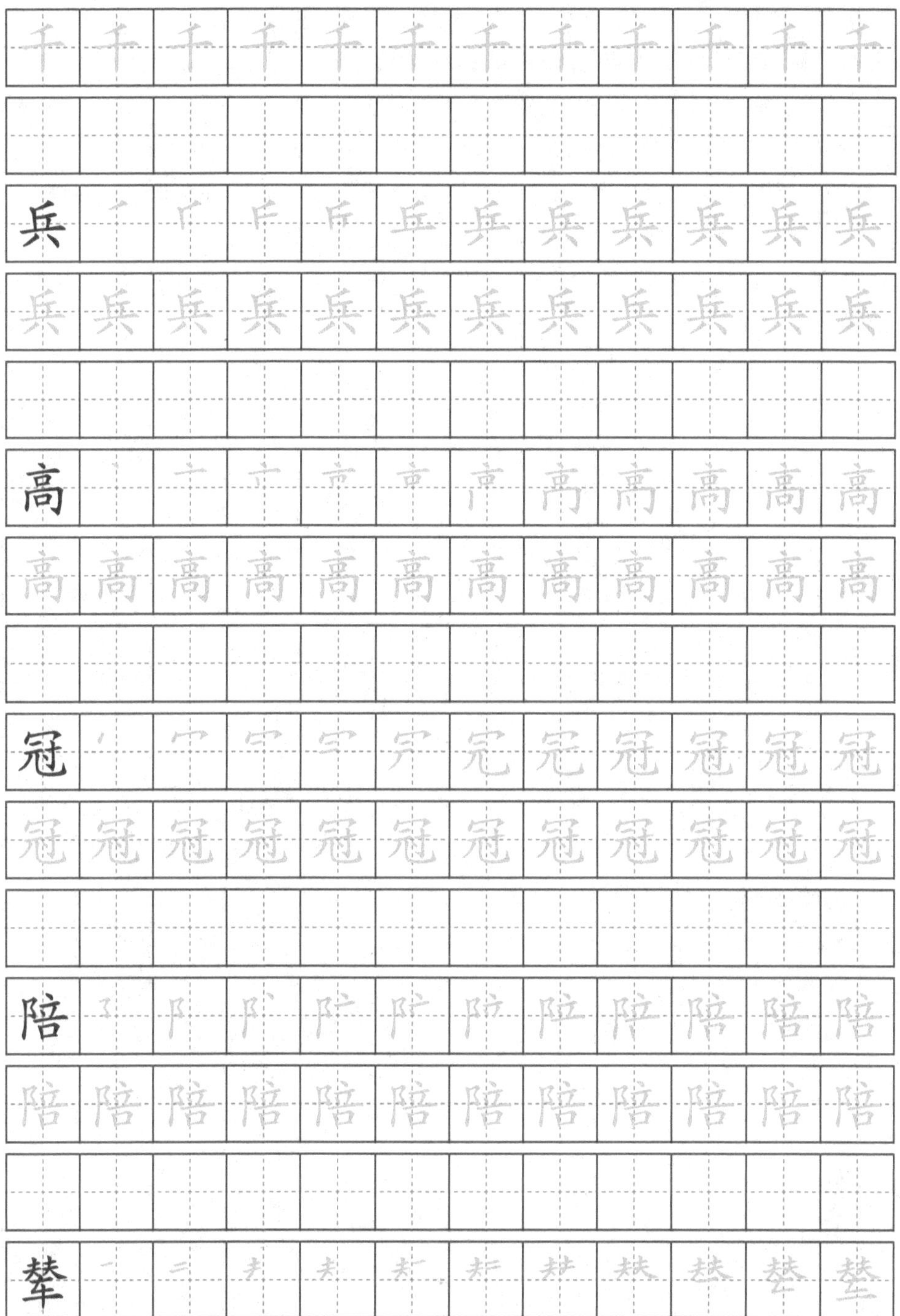

驱

毂

振

缨

缨缨缨缨缨缨缨缨缨缨缨缨

世

世世世世世世世世世世世世

禄

禄禄禄禄禄禄禄禄禄禄禄禄

禄禄禄禄禄禄禄禄禄禄禄禄

侈

侈侈侈侈侈侈侈侈侈侈侈侈

富

富富富富富富富富富富富富

富富富富富富富富富富富富

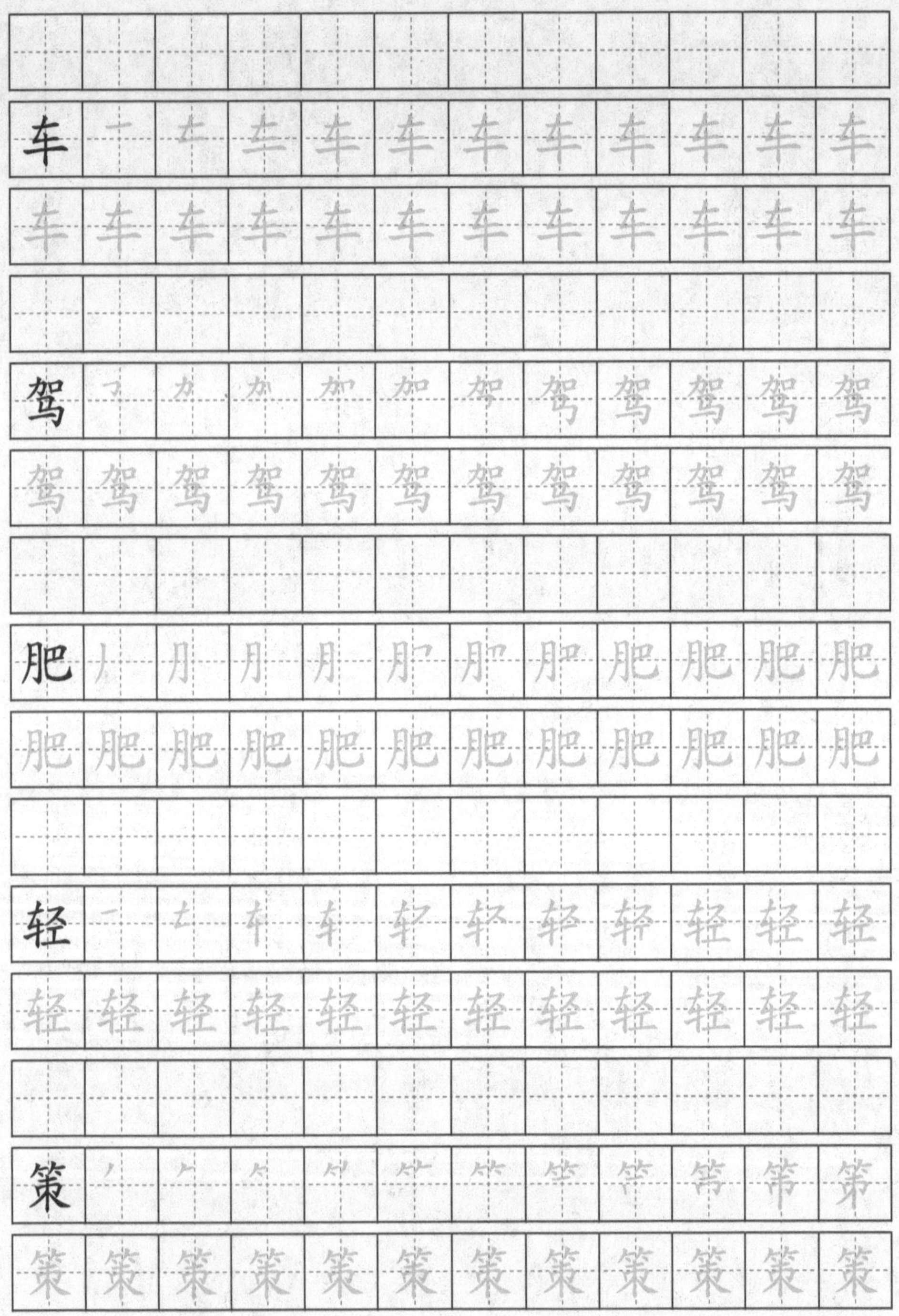
车
驾
肥
轻
策

策

功

茂

实

勒

碑

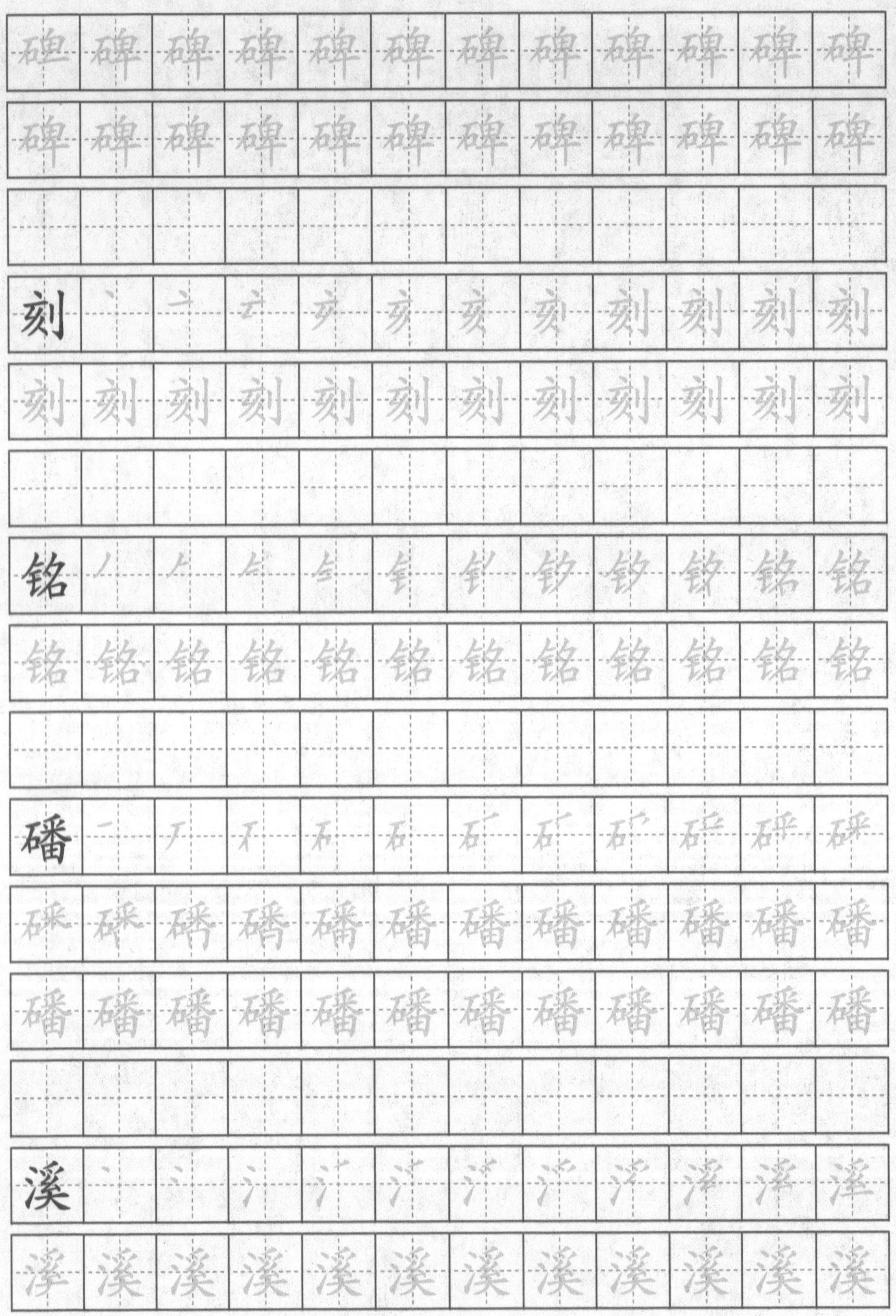
碑
刻
铭
磻
溪

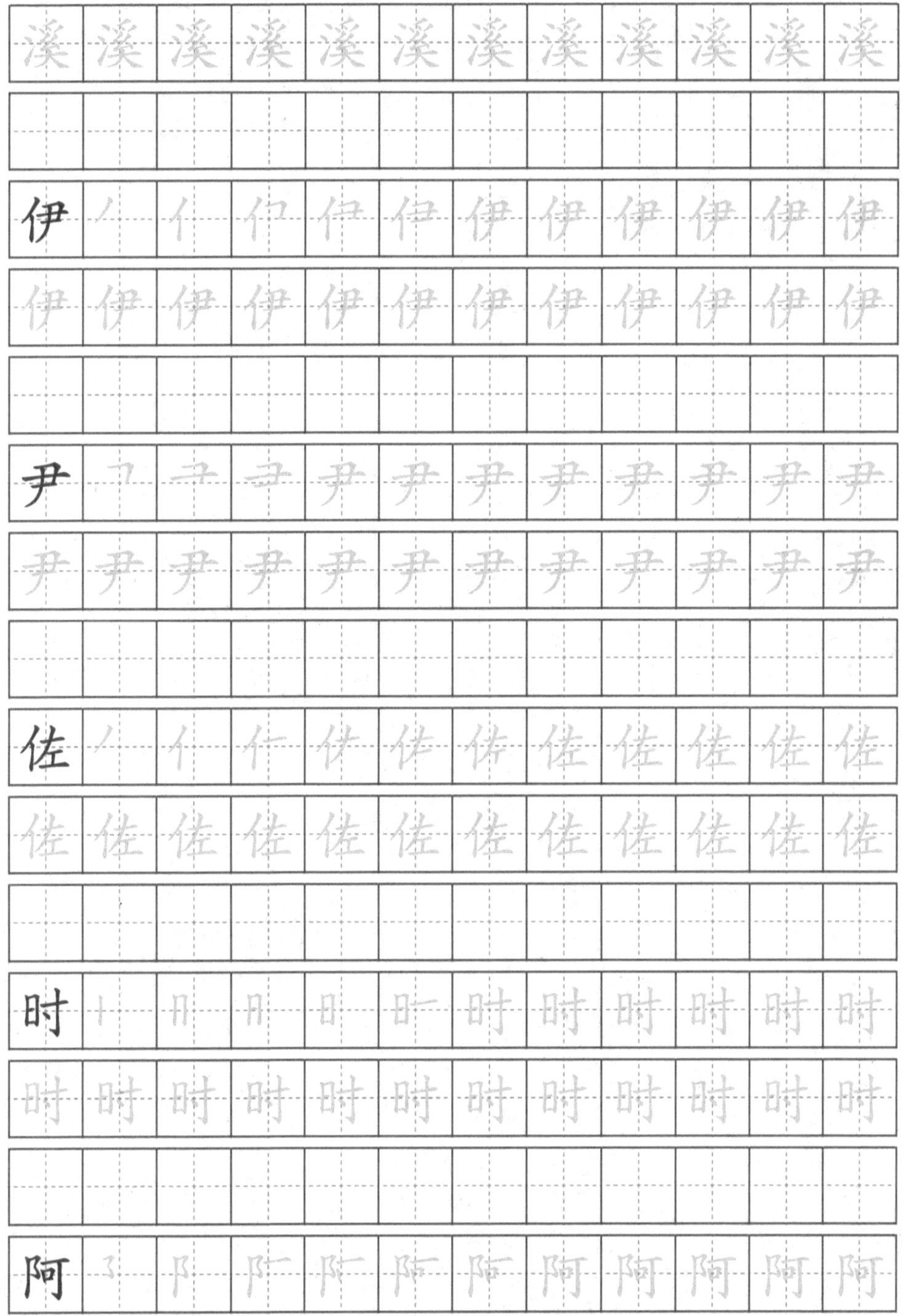

阿阿阿阿阿阿阿阿阿阿阿阿

衡

衡衡衡衡衡衡衡衡衡衡衡衡

奄

奄奄奄奄奄奄奄奄奄奄奄奄

宅

宅宅宅宅宅宅宅宅宅宅宅宅

曲

曲曲曲曲曲曲曲曲曲曲曲曲

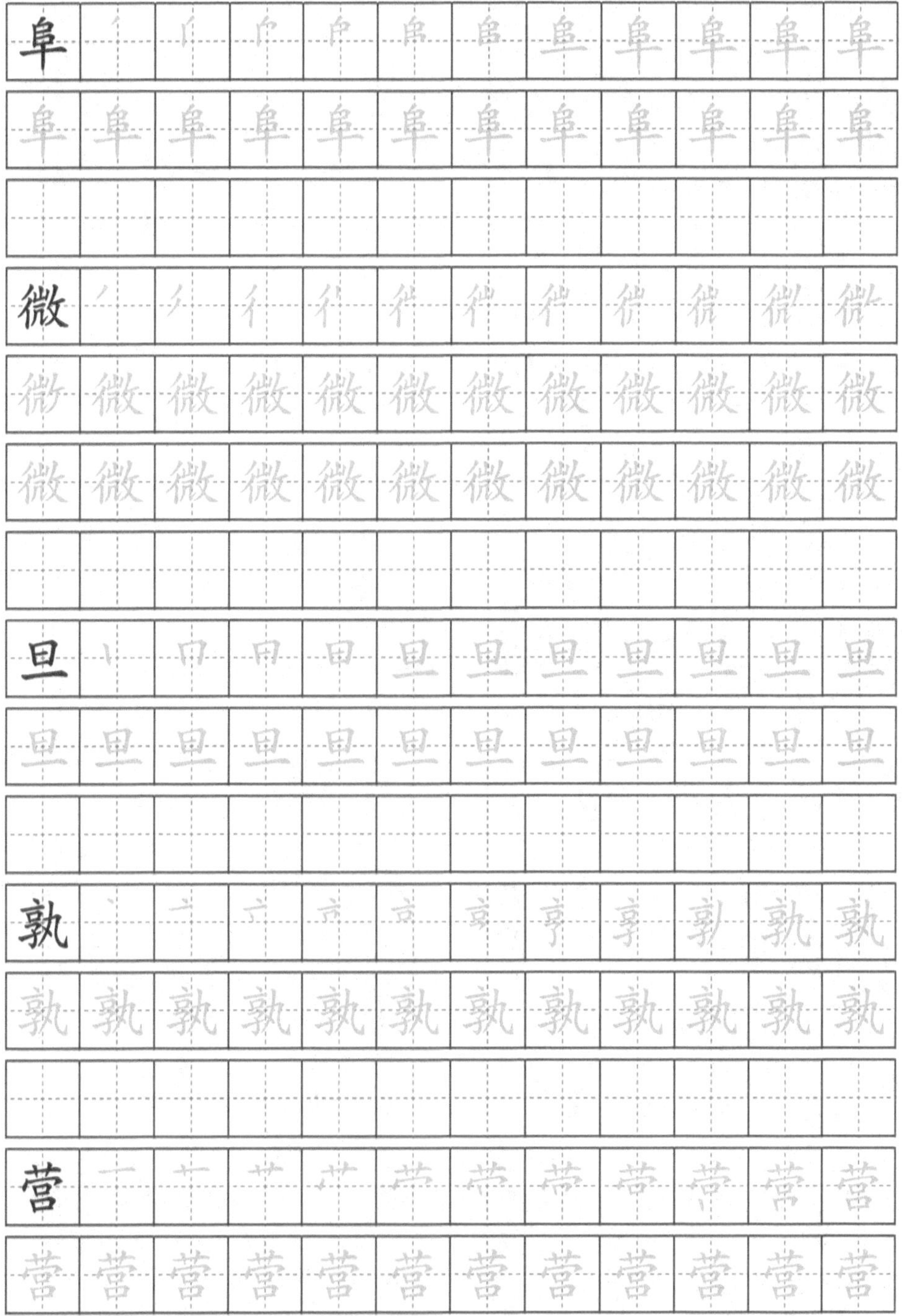

阜
微
旦
孰
营

桓

公

匡

合

济

弱

扶

倾

绮

回

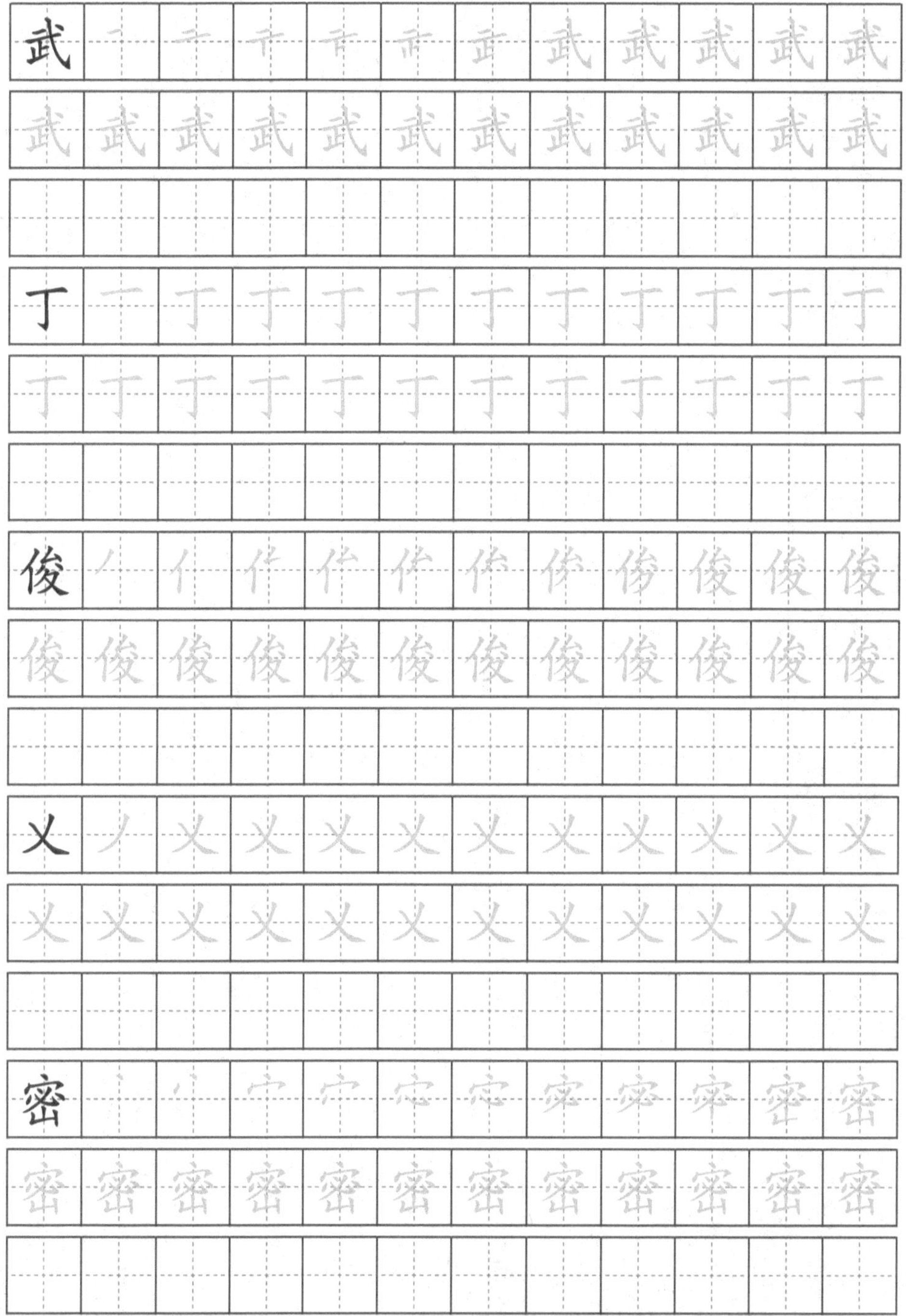

匆

多

士

寔

宁

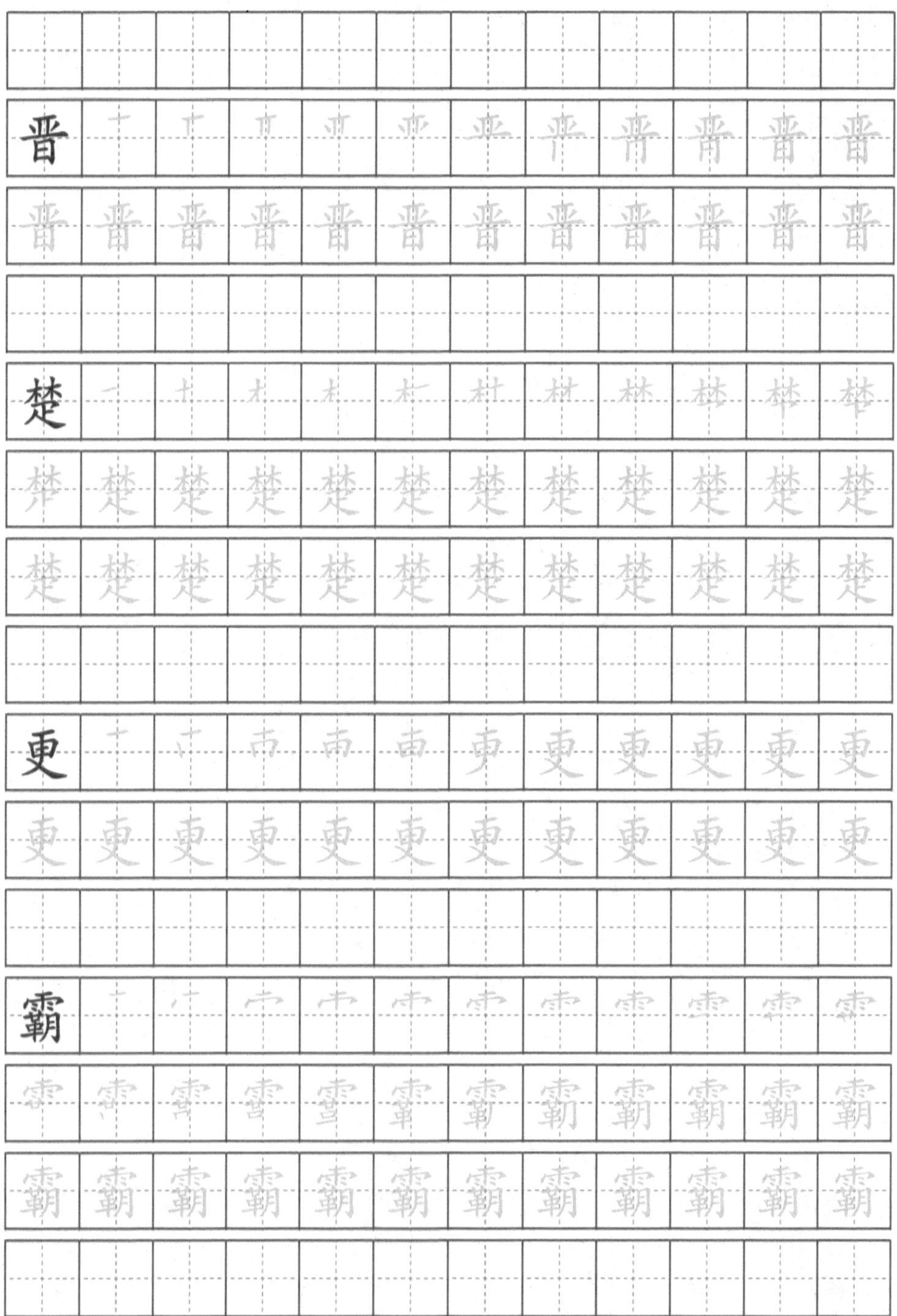

晋
楚
更
霸

赵

魏

困

横

假

假假假假假假假假假假假假

途

途途途途途途途途途途途途

灭

灭灭灭灭灭灭灭灭灭灭灭灭

號

號號號號號號號號號號號號

践

践践践践践践践践践践践践

践践践践践践践践践践践践

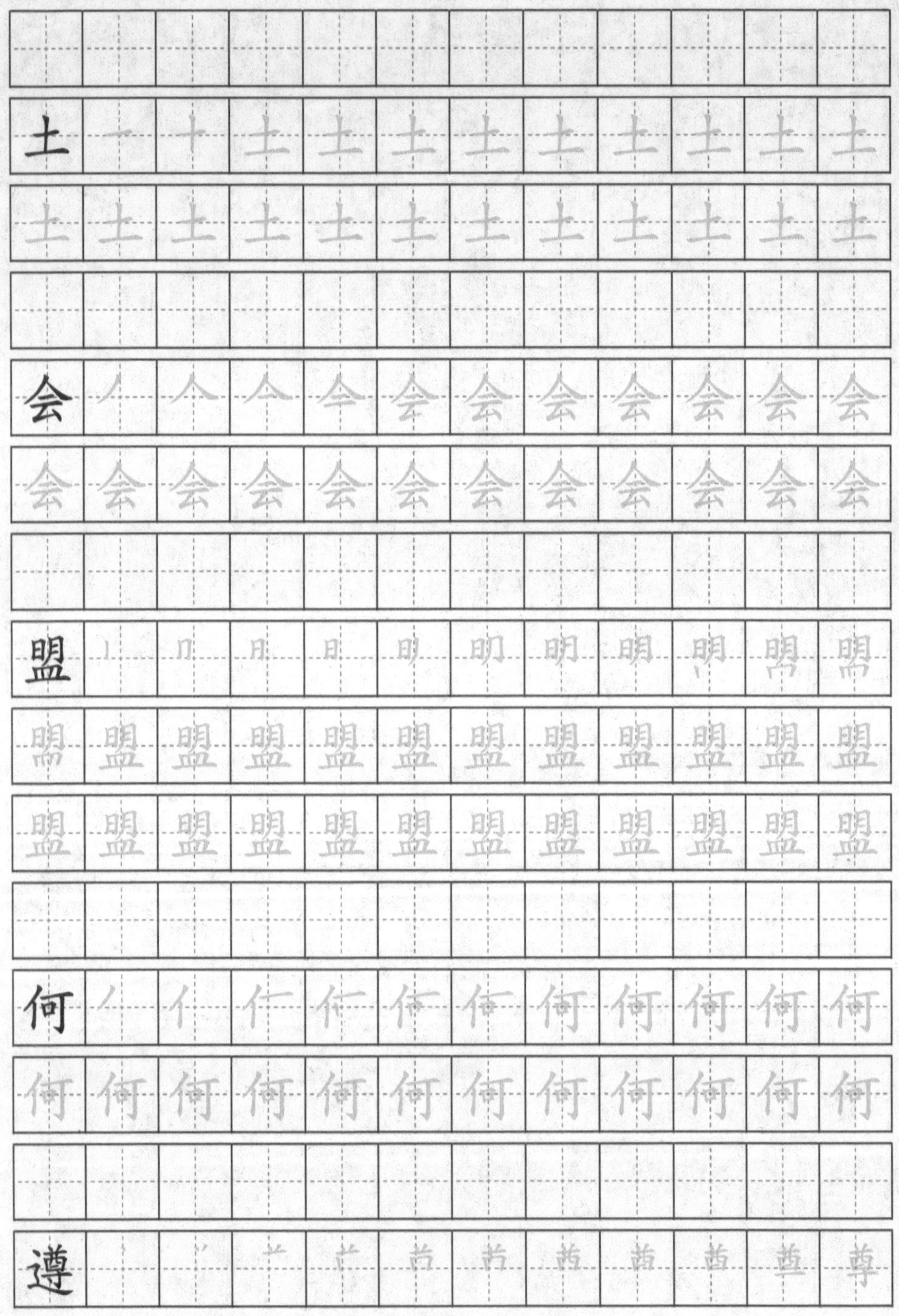

约

法

韩

弊

弊弊弊弊弊弊弊弊弊弊弊弊

烦

烦烦烦烦烦烦烦烦烦烦烦烦

刑

刑刑刑刑刑刑刑刑刑刑刑刑

起

起起起起起起起起起起起起

翦

翦翦翦翦翦翦翦翦翦翦翦翦

翦翦翦翦翦翦翦翦翦翦翦翦

颇

牧

用

军

最

精

宣

威

沙

漠

驰

誉

丹

青

九

州

禹

迹

百

郡

秦

并

岳

宗

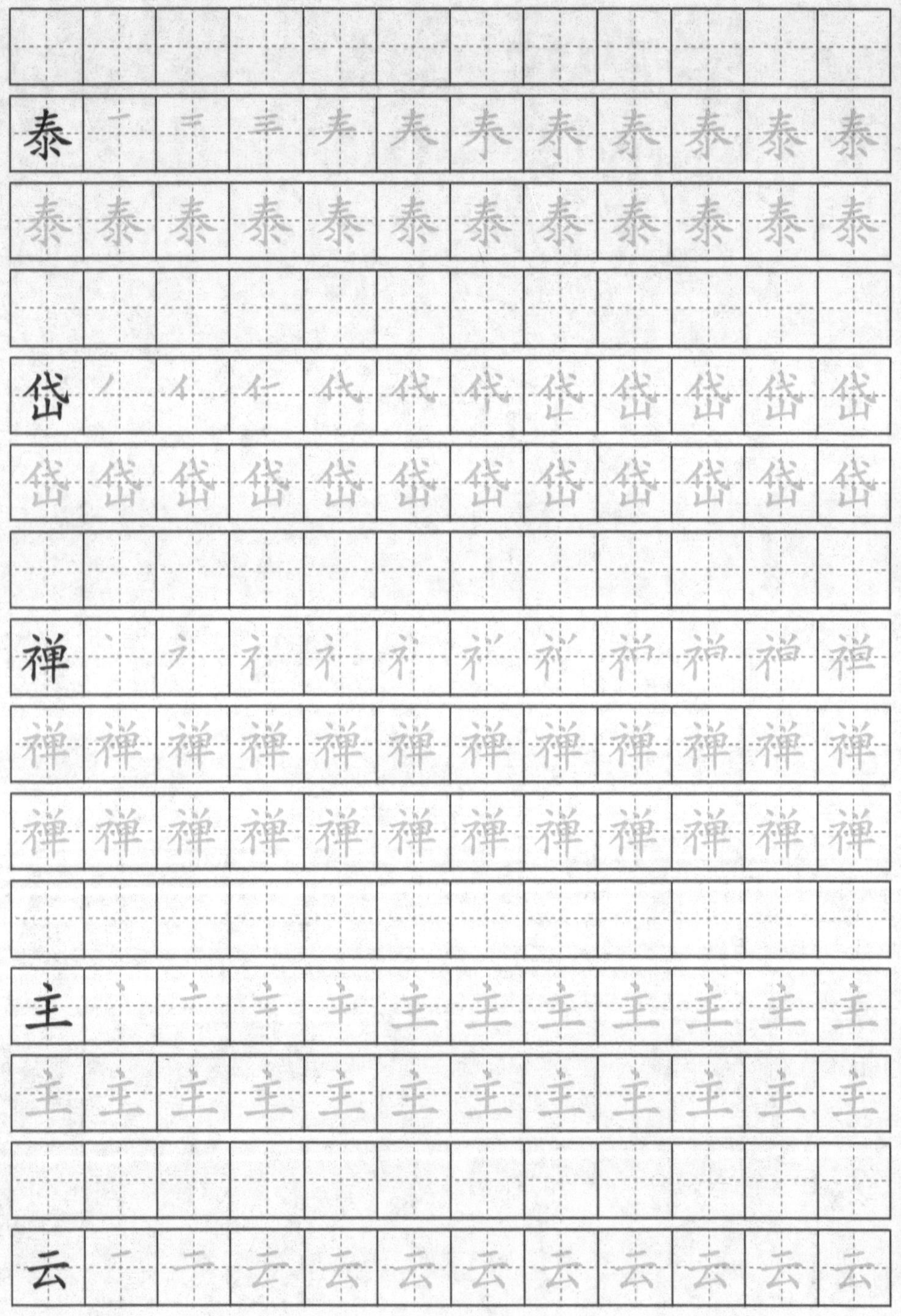
泰
岱
禅
主
云

云云云云云云云云云云云云

亭

亭亭亭亭亭亭亭亭亭亭亭亭

雁

雁雁雁雁雁雁雁雁雁雁雁雁

雁雁雁雁雁雁雁雁雁雁雁雁

门

门门门门门门门门门门门门

紫

紫紫紫紫紫紫紫紫紫紫紫紫

紫紫紫紫紫紫紫紫紫紫紫紫

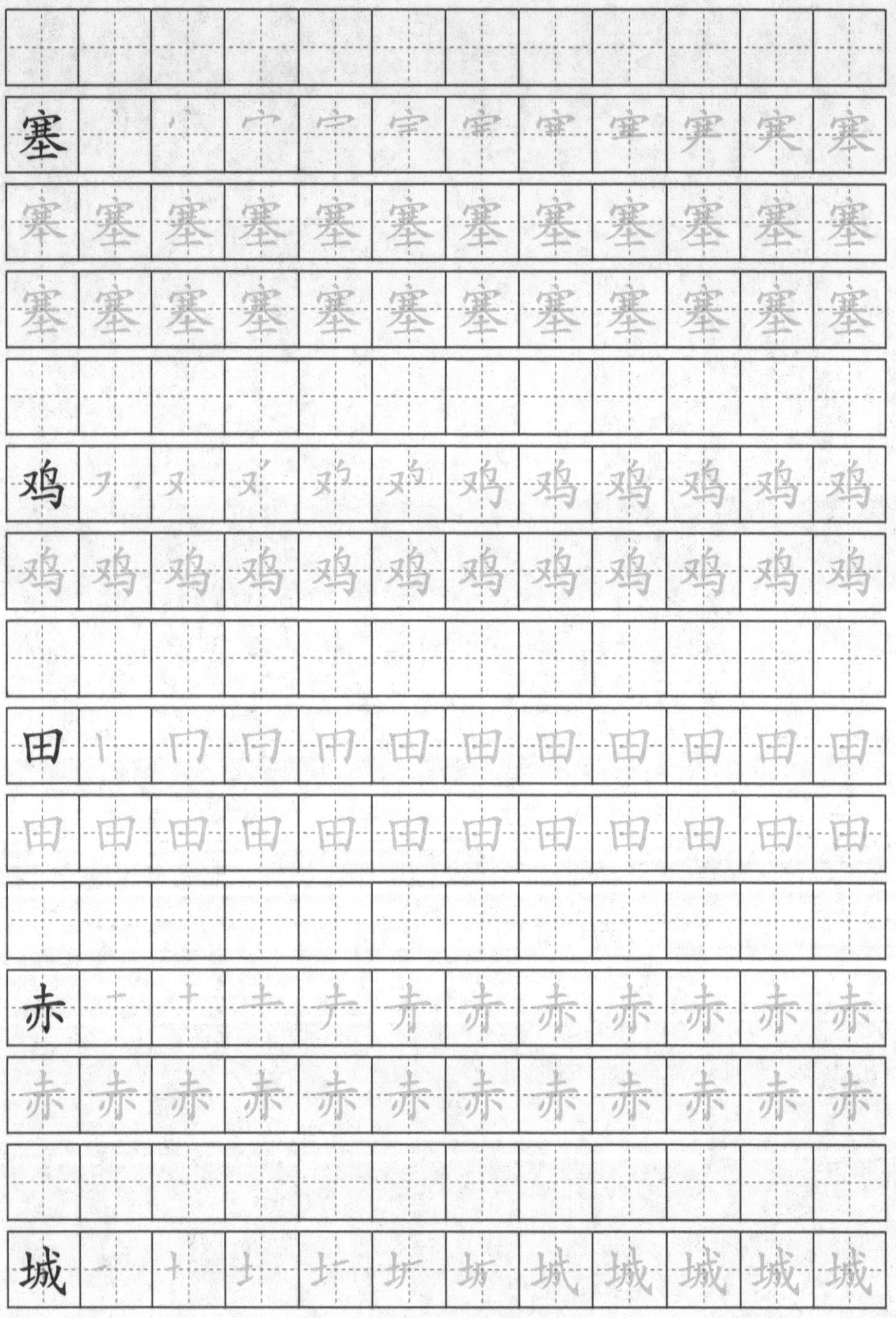
塞
鸡
田
赤
城

城	城	城	城	城	城	城	城	城	城	城	城
昆								昆	昆	昆	昆
昆	昆	昆	昆	昆	昆	昆	昆	昆	昆	昆	昆
池						池	池	池	池	池	池
池	池	池	池	池	池	池	池	池	池	池	池
碣											
碣	碣	碣	碣	碣	碣	碣	碣	碣	碣	碣	碣
碣	碣	碣	碣	碣	碣	碣	碣	碣	碣	碣	碣
石	一				石	石	石	石	石	石	石
石	石	石	石	石	石	石	石	石	石	石	石

钜										钜	钜
钜	钜	钜	钜	钜	钜	钜	钜	钜	钜	钜	钜
野											野
野	野	野	野	野	野	野	野	野	野	野	野
洞					洞	洞	洞	洞	洞	洞	洞
洞	洞	洞	洞	洞	洞	洞	洞	洞	洞	洞	洞
庭			广						庭	庭	庭
庭	庭	庭	庭	庭	庭	庭	庭	庭	庭	庭	庭
旷				日			旷	旷	旷	旷	旷
旷	旷	旷	旷	旷	旷	旷	旷	旷	旷	旷	旷

远

绵

邈

岩

岫

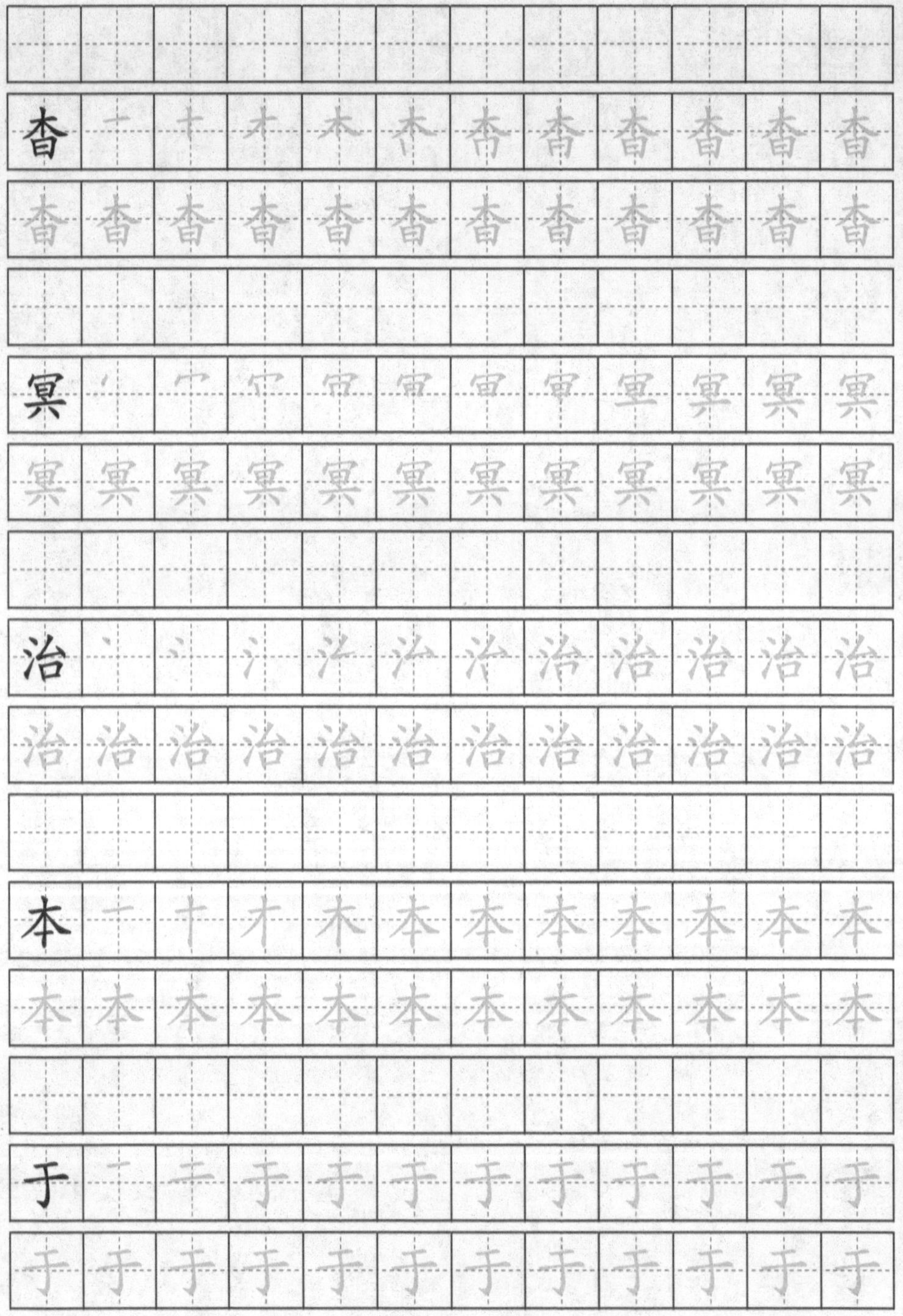

沓
冥
治
本
于

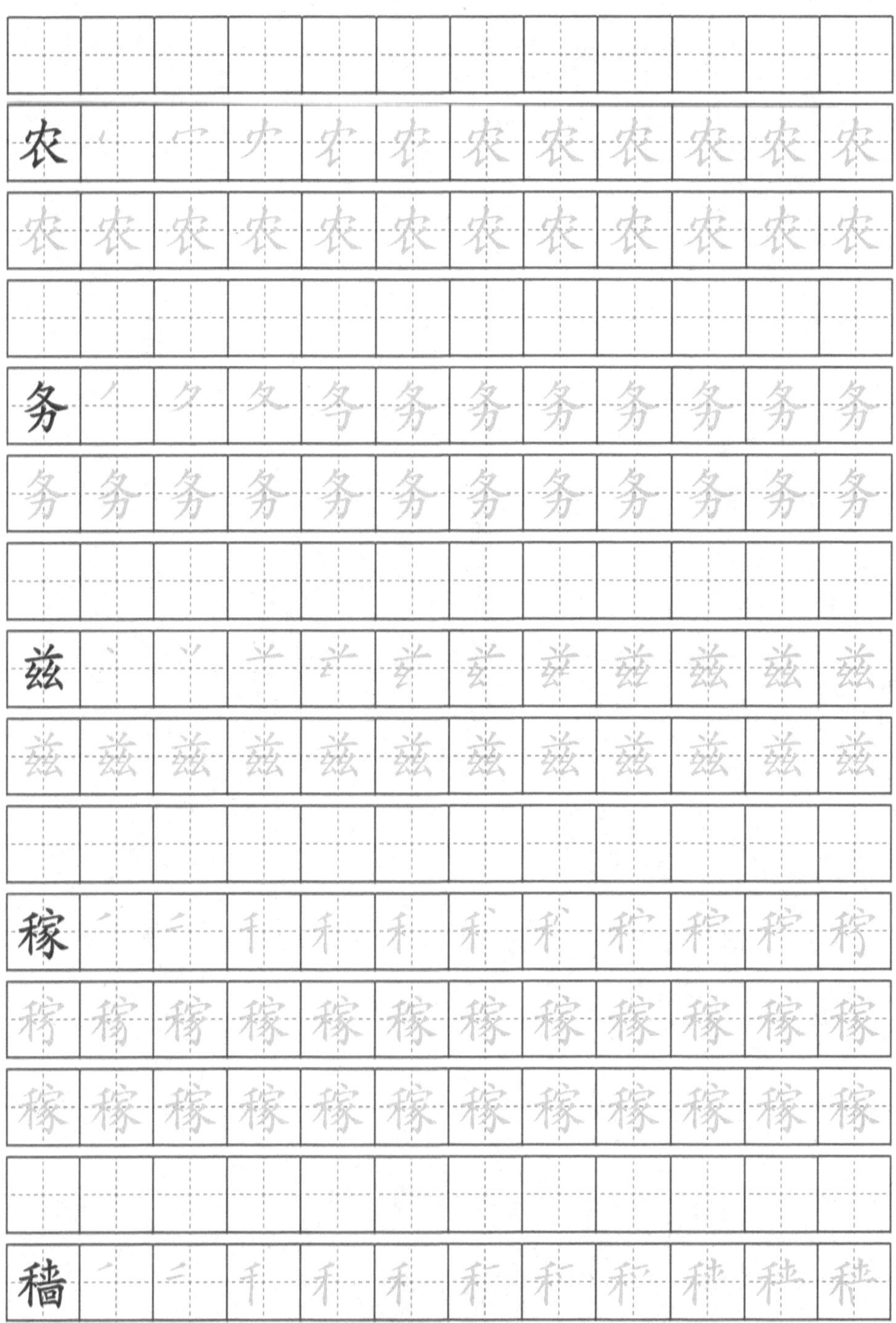

稽稽稽稽稽稽稽稽稽稽稽稽

俶

载

南

亩

我

艺

黍

稷

税

我	一	一	千	手	我	我	我	我	我	我	我
我	我	我	我	我	我	我	我	我	我	我	我
艺	一	十	艺	艺	艺	艺	艺	艺	艺	艺	艺
艺	艺	艺	艺	艺	艺	艺	艺	艺	艺	艺	艺
黍	一	十	丰	禾	禾	黍	黍	黍	黍	黍	黍
黍	黍	黍	黍	黍	黍	黍	黍	黍	黍	黍	黍
稷	一	二	千	禾	禾	�]	稷	稷	稷	稷	稷
稷	稷	稷	稷	稷	稷	稷	稷	稷	稷	稷	稷
税	一	二	千	禾	禾

税税税税税税税税税税税税

税税税税税税税税税税税税

熟

熟熟熟熟熟熟熟熟熟熟熟熟

熟熟熟熟熟熟熟熟熟熟熟熟

责

责责责责责责责责责责责责

新

新新新新新新新新新新新新

新新新新新新新新新新新新

劝

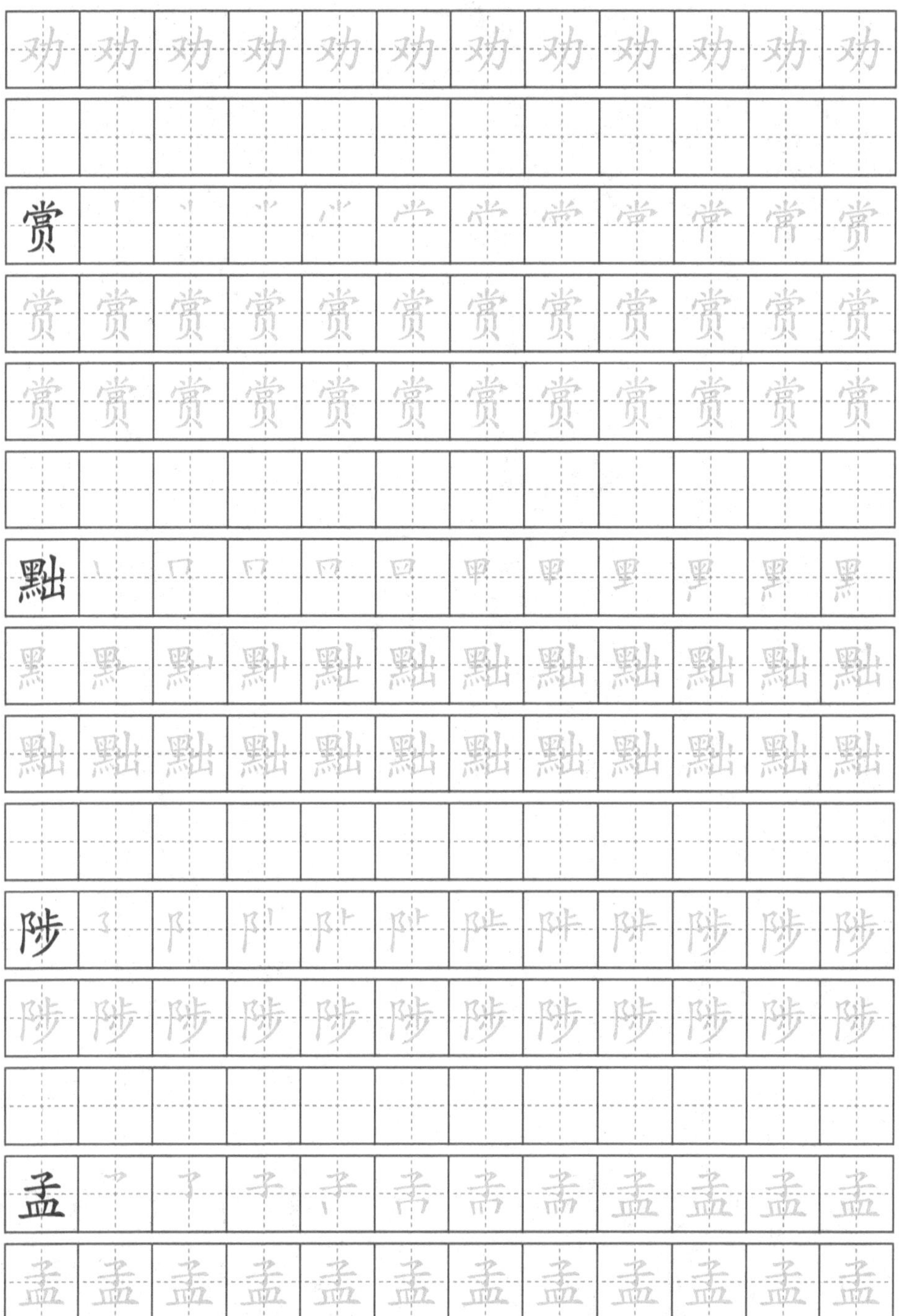

轲

敦

素

史

鱼

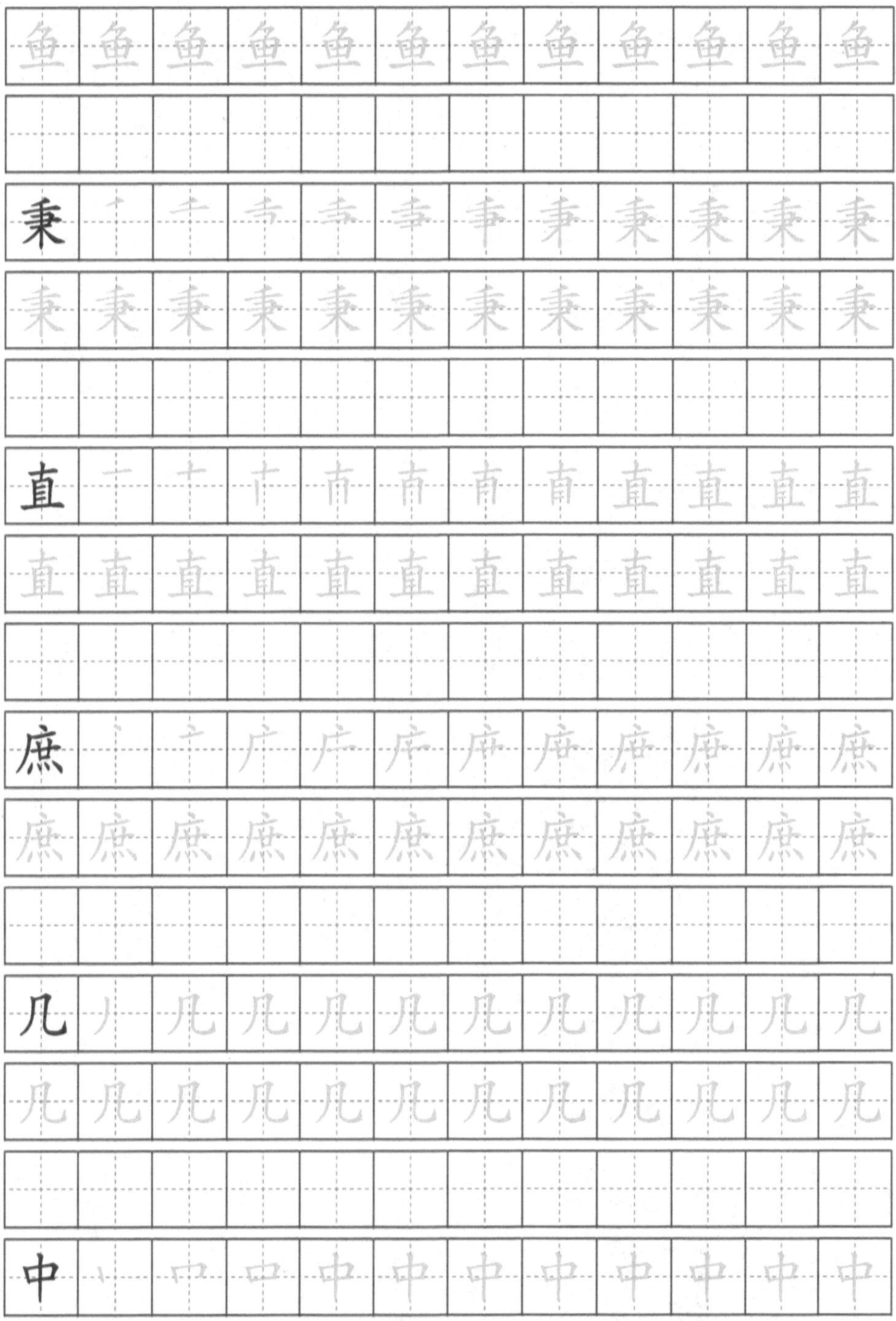

中	中	中	中	中	中	中	中	中	中	中	中
庸	丶	亠	广								庸
庸	庸	庸	庸	庸	庸	庸	庸	庸	庸	庸	庸
劳	一	十	艹	艹	苎	劳	劳	劳	劳	劳	劳
劳	劳	劳	劳	劳	劳	劳	劳	劳	劳	劳	劳
谦	丶	讠	讠	讠	讠						谦
谦	谦	谦	谦	谦	谦	谦	谦	谦	谦	谦	谦
谦	谦	谦	谦	谦	谦	谦	谦	谦	谦	谦	谦
谨	丶	讠	讠	讠	讠	讠	讠	讠	讠		谨
谨	谨	谨	谨	谨	谨	谨	谨	谨	谨	谨	谨
谨	谨	谨	谨	谨	谨	谨	谨	谨	谨	谨	谨

敕

聆

音

察

理

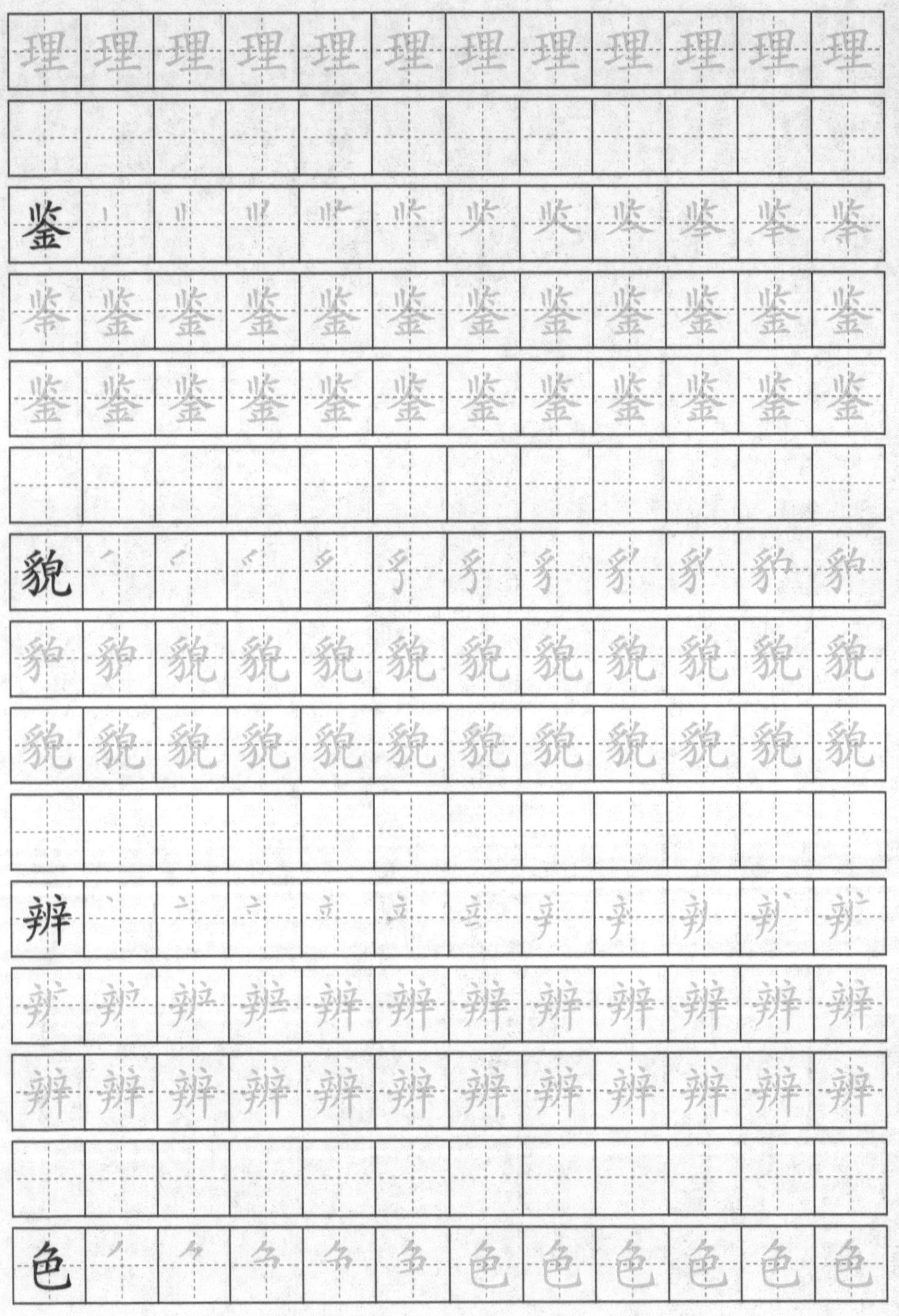

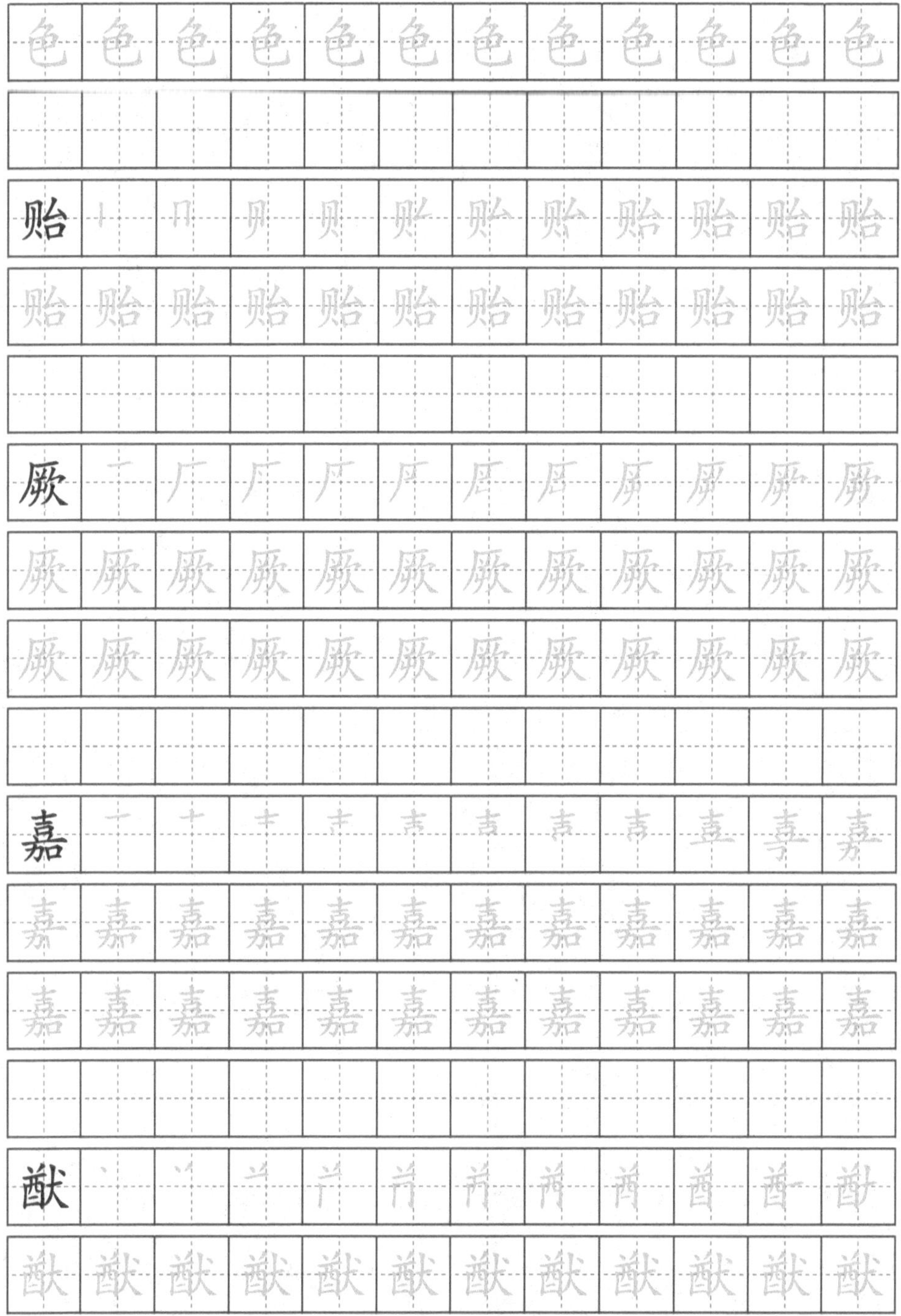
贻
厥
嘉
猷

勉

其

祇

植

省

躬

讥

诫

宠

增

抗

极

殆

辱

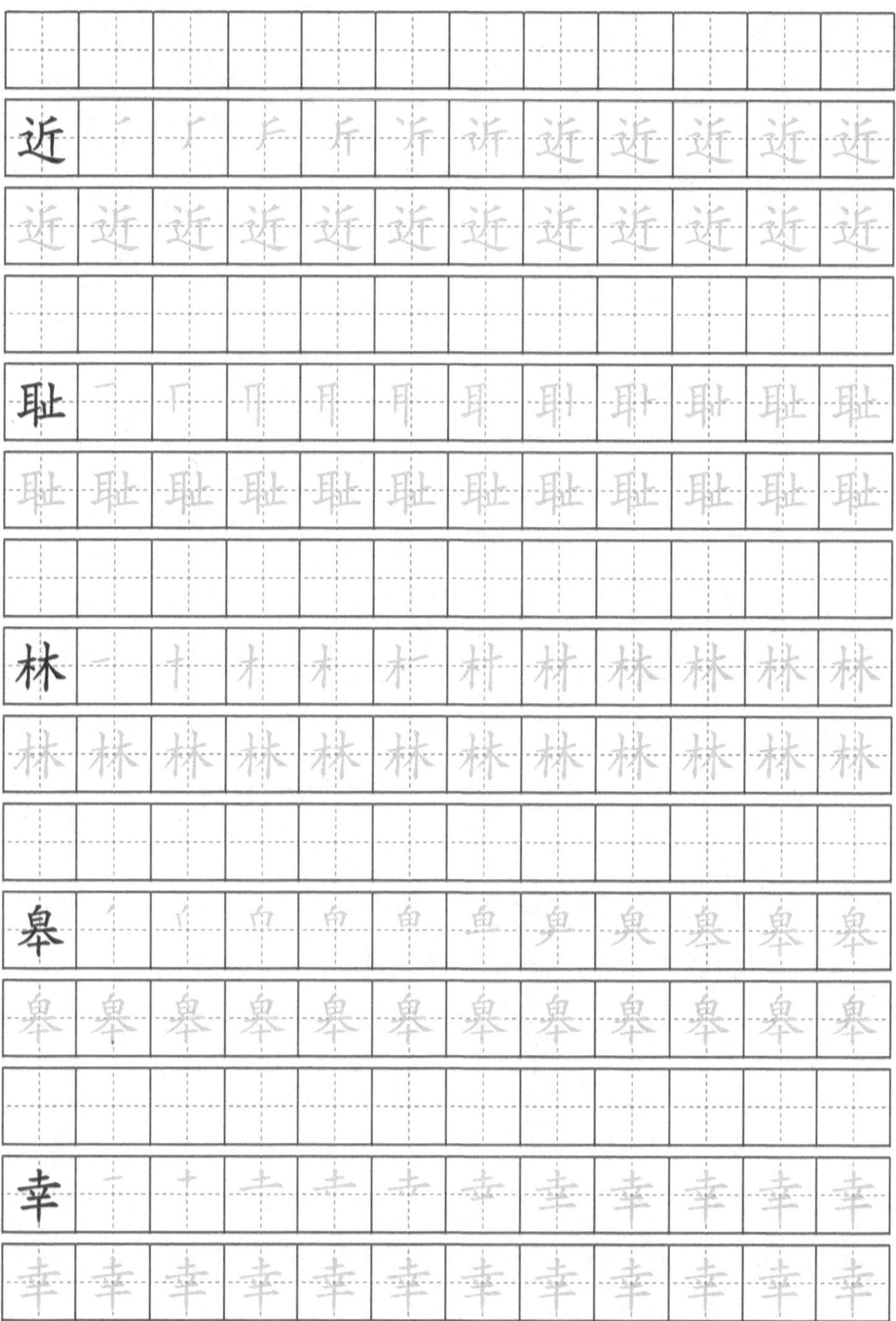
近
耻
林
皋
幸

即

两

疏

见

机

即	⅂	ⅎ	ⅎ	艮	艮	即	即	即	即	即
即	即	即	即	即	即	即	即	即	即	即

两	一	丆	币	丙	两	两	两	两	两	两
两	两	两	两	两	两	两	两	两	两	两

疏	⁊	乛	予	予	疋	疋	疏	疏	疏	疏	疏
疏	疏	疏	疏	疏	疏	疏	疏	疏	疏	疏	疏
疏	疏	疏	疏	疏	疏	疏	疏	疏	疏	疏	疏

见	丨	冂	贝	见	见	见	见	见	见	见	见
见	见	见	见	见	见	见	见	见	见	见	见

| 机 | 一 | 十 | 木 | 木 | 杌

机机机机机机机机机机机机

解

解解解解解解解解解解解解

解解解解解解解解解解解解

组

组组组组组组组组组组组组

谁

谁谁谁谁谁谁谁谁谁谁谁谁

逼

逼逼逼逼逼逼逼逼逼逼逼逼

逼逼逼逼逼逼逼逼逼逼逼逼

索

居

闲

处

沉

默

寂

寥

求

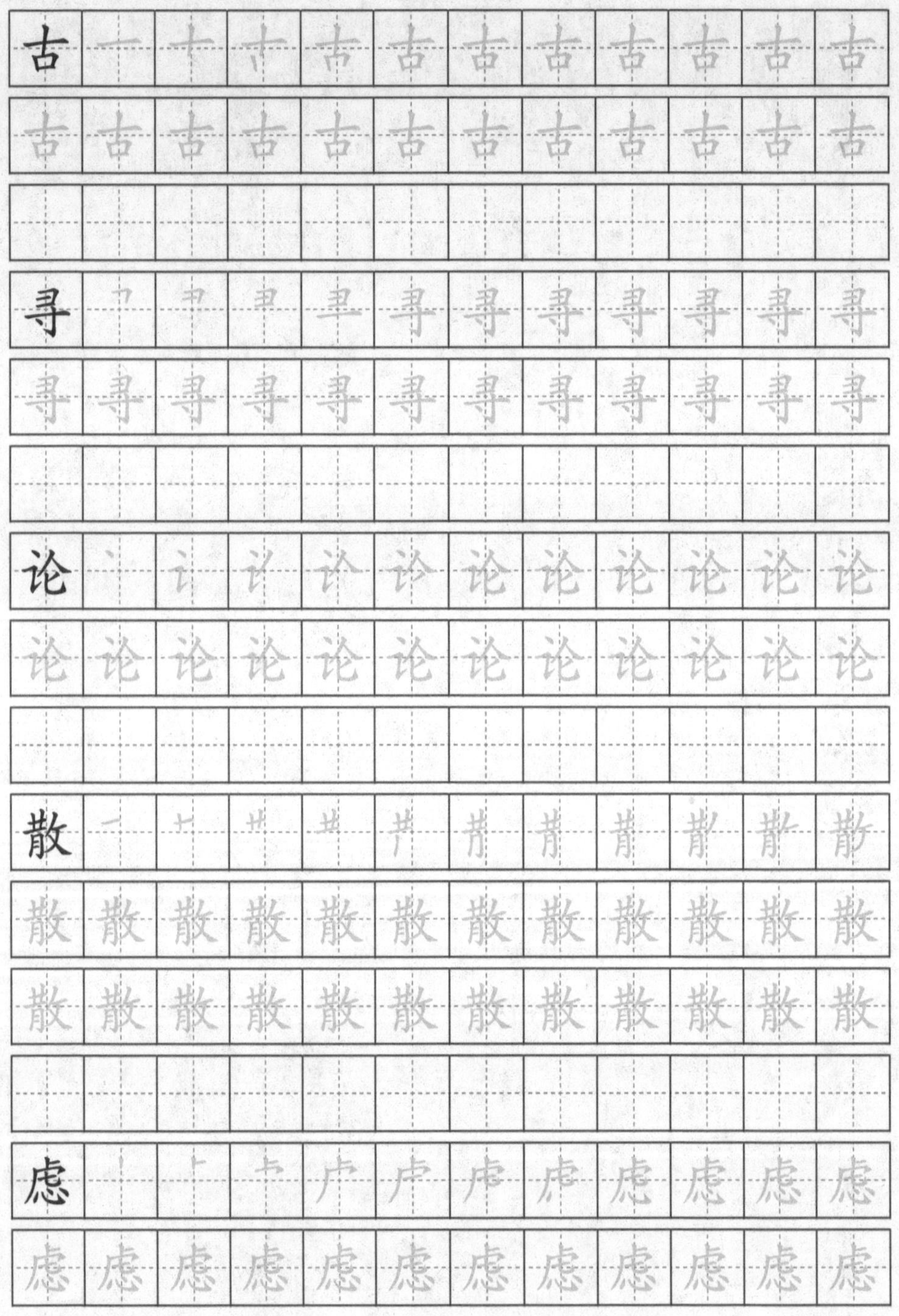

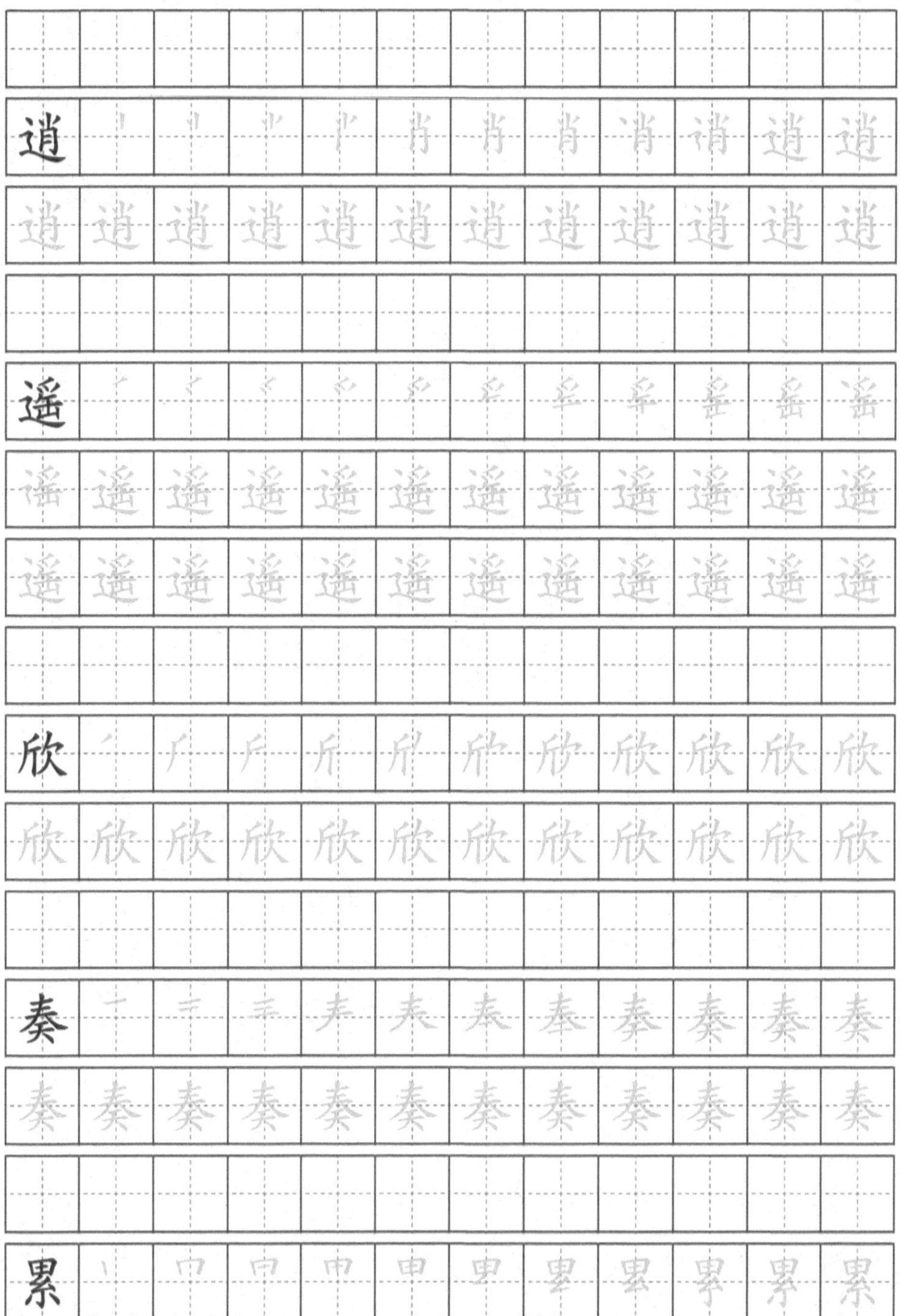
逍
遥
欣
奏
累

累累累累累累累累累累累累

遣

遣遣遣遣遣遣遣遣遣遣遣遣

遣遣遣遣遣遣遣遣遣遣遣遣

戚 戚戚戚

戚戚戚戚戚戚戚戚戚戚戚戚

谢 谢

谢谢谢谢谢谢谢谢谢谢谢谢

谢谢谢谢谢谢谢谢谢谢谢谢

欢 欢欢欢欢欢欢欢

欢欢欢欢欢欢欢欢欢欢欢欢

招

渠

荷

的

历

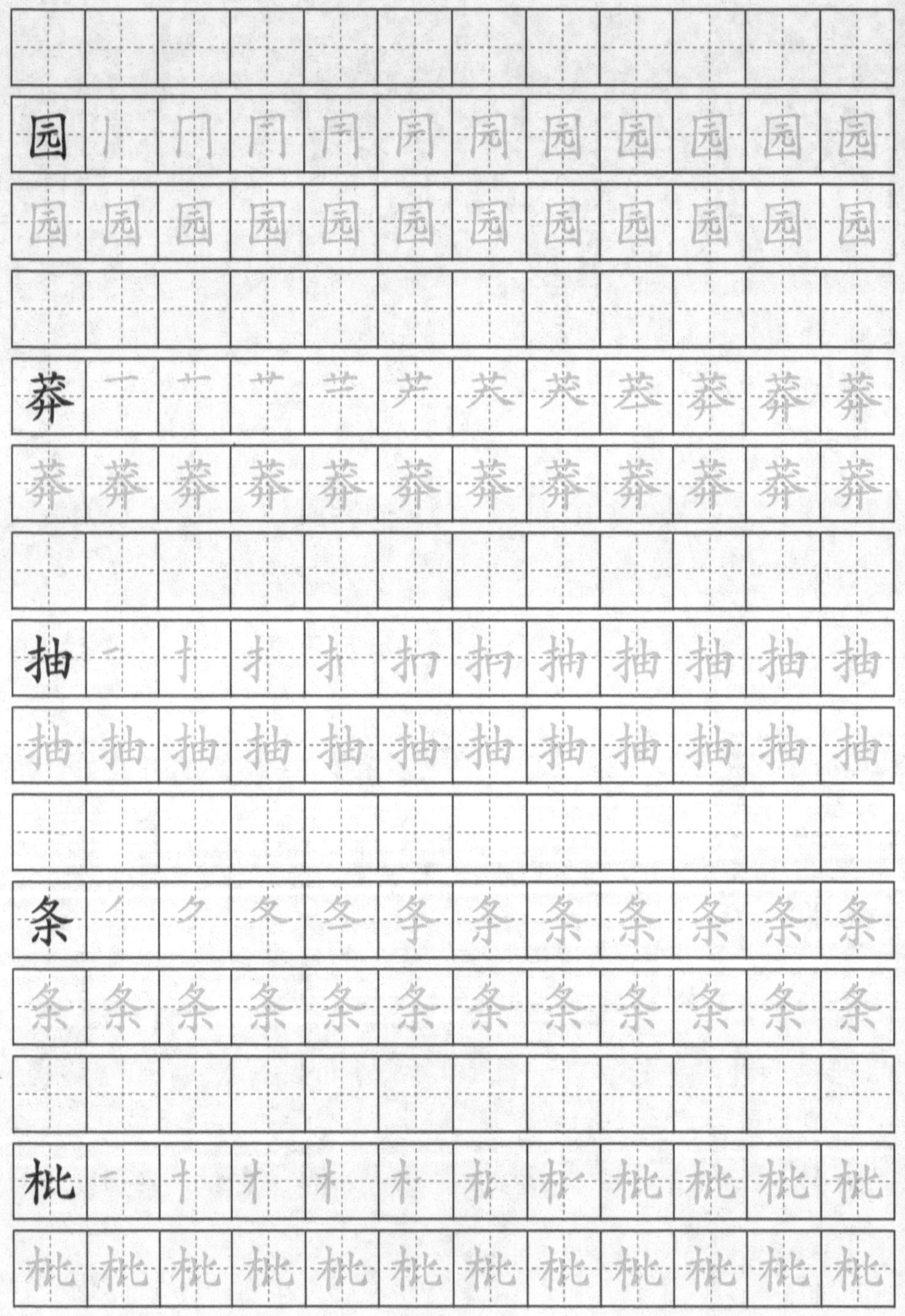
园
莽
抽
条
枇

杷

晚

翠

梧

桐

桐

卑

凋

陈

根

委

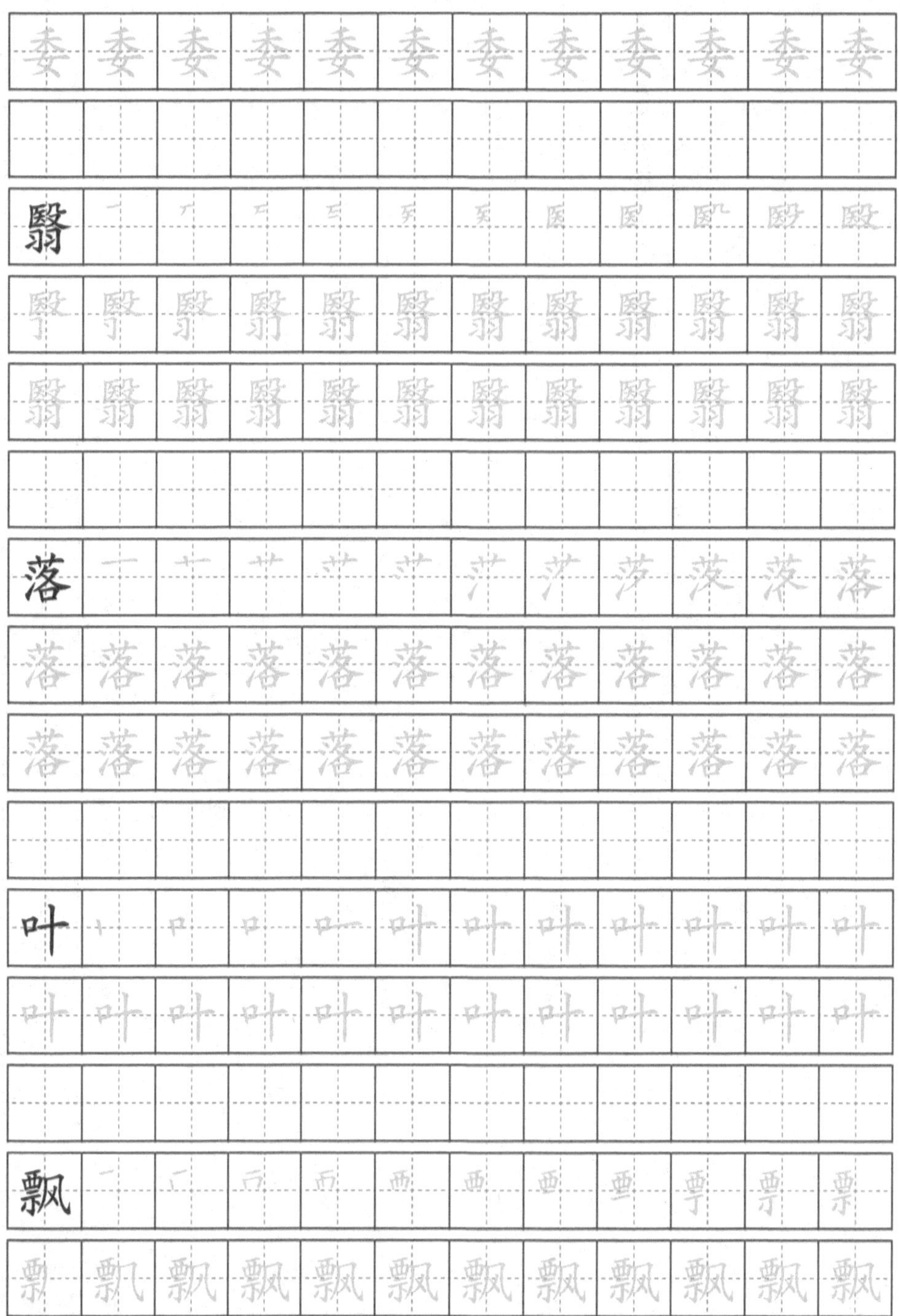

飘飘飘飘飘飘飘飘飘飘飘飘

摇

摇摇摇摇摇摇摇摇摇摇摇摇

摇摇摇摇摇摇摇摇摇摇摇摇

游

游游游游游游游游游游游游

游游游游游游游游游游游游

鹍

鹍鹍鹍鹍鹍鹍鹍鹍鹍鹍鹍鹍

鹍鹍鹍鹍鹍鹍鹍鹍鹍鹍鹍鹍

独

独

运

凌

摩

绛

霄

耽

读

玩

市

寓

目

囊

箱

易

輶

攸

畏

屬

耳

垣

墻

具

膳

餐

饭

适

口

充

肠

饱

饫

烹

宰

饥

厌

糟

糠

亲

戚

故

旧

旧旧旧旧旧旧旧旧旧旧旧旧

老

老老老老老老老老老老老老

少

少少少少少少少少少少少少

异

异异异异异异异异异异异异

粮

粮粮粮粮粮粮粮粮粮粮粮粮

粮粮粮粮粮粮粮粮粮粮粮粮

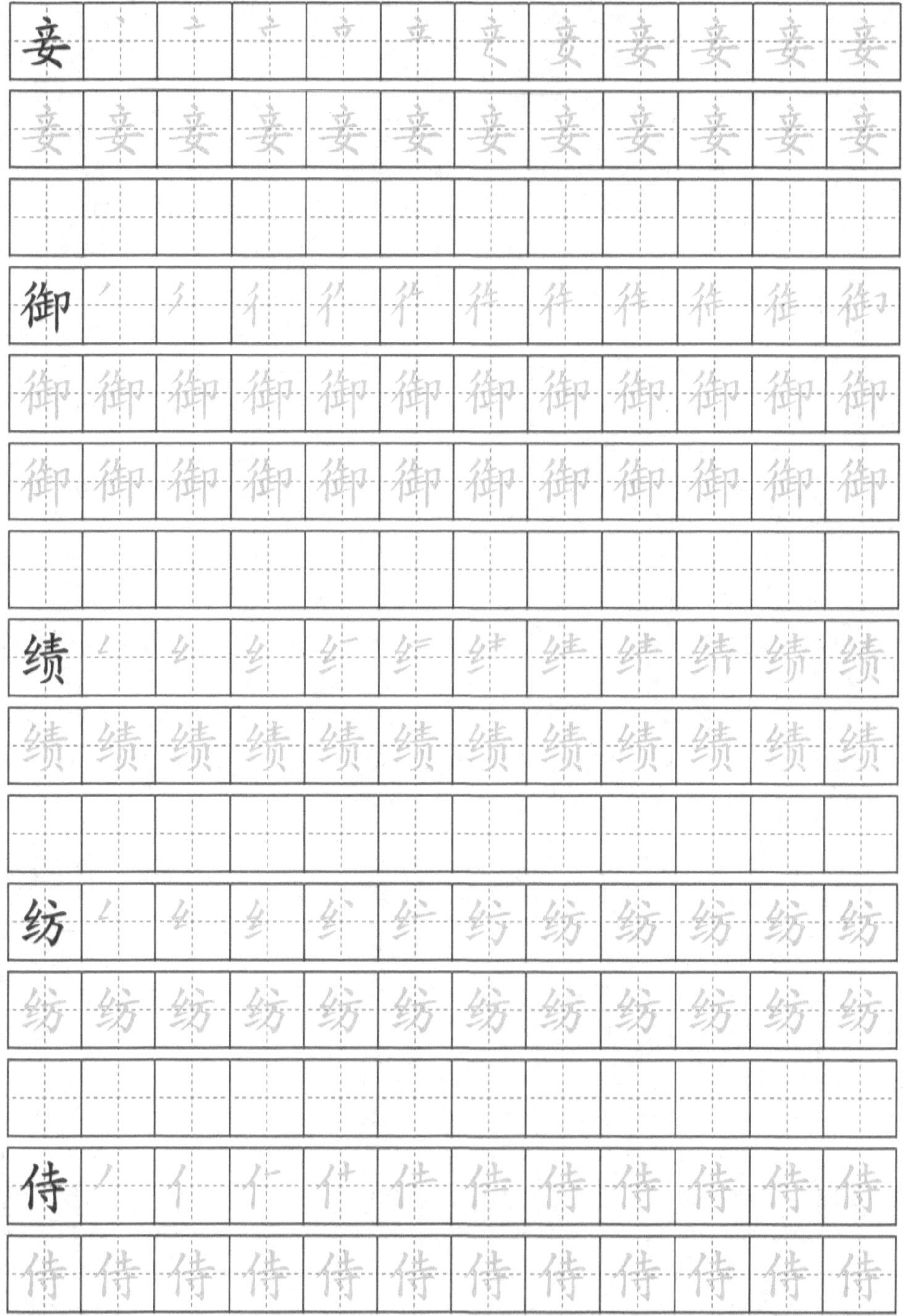

巾

帷

房

纨

扇

圆

絮

银

烛

炜

炜

煌

昼

眠

夕

寐

蓝

笋

象

床

床床床床床床床床床床床床

弦

弦弦弦弦弦弦弦弦弦弦弦弦

歌

歌歌歌歌歌歌歌歌歌歌

歌歌歌歌歌歌歌歌歌歌歌歌

酒

酒酒酒酒酒酒酒酒酒酒酒酒

宴

宴宴宴宴宴宴宴宴宴宴宴宴

接

杯

举

觞

矫

手

顿

足

悦

豫

豫豫豫豫豫豫豫豫豫豫豫豫

且

且且且且且且且且且且且且

康

康康康康康康康康康康康康

嫡

嫡嫡嫡嫡嫡嫡嫡嫡嫡嫡嫡嫡

嫡嫡嫡嫡嫡嫡嫡嫡嫡嫡嫡嫡

后

后后后后后后后后后后后后

嗣

续

祭

祀

烝

尝

稽

颡

再

拜

悚

惧

恐

惶

笺

牒

简

要

顾

答

审

详

骸

骸骸骸骸骸骸骸骸骸骸骸骸

垢

垢垢垢垢垢垢垢垢垢垢垢垢

想

想想想想想想想想想想想想

想想想想想想想想想想想想

浴

浴浴浴浴浴浴浴浴浴浴浴浴

执

执执执执执执执执执执执执

热

愿

凉

驴

骡

骡骡骡骡骡骡骡骡骡骡骡骡

犊

犊犊犊犊犊犊犊犊犊犊犊犊

犊犊犊犊犊犊犊犊犊犊犊犊

特

特特特特特特特特特特特特

骇

骇骇骇骇骇骇骇骇骇骇骇骇

跃

跃跃跃跃跃跃跃跃跃跃跃跃

超

骧

诛

斩

贼

贼

盗

捕

获

叛

亡

布

射

僚

丸

嵇

琴

阮

啸

恬

恬恬恬恬恬恬恬恬恬恬恬恬

笔

笔笔笔笔笔笔笔笔笔笔笔笔

伦

伦伦伦伦伦伦伦伦伦伦伦伦

纸

纸纸纸纸纸纸纸纸纸纸纸纸

钧

钧钧钧钧钧钧钧钧钧钧钧钧

巧

巧巧巧巧巧巧巧巧巧巧巧巧

任

任任任任任任任任任任任任

钓

钓钓钓钓钓钓钓钓钓钓钓钓

释

释释释释释释释释释释释释

释释释释释释释释释释释释

纷

纷纷纷纷纷纷纷纷纷纷纷纷

利

俗

并

皆

佳

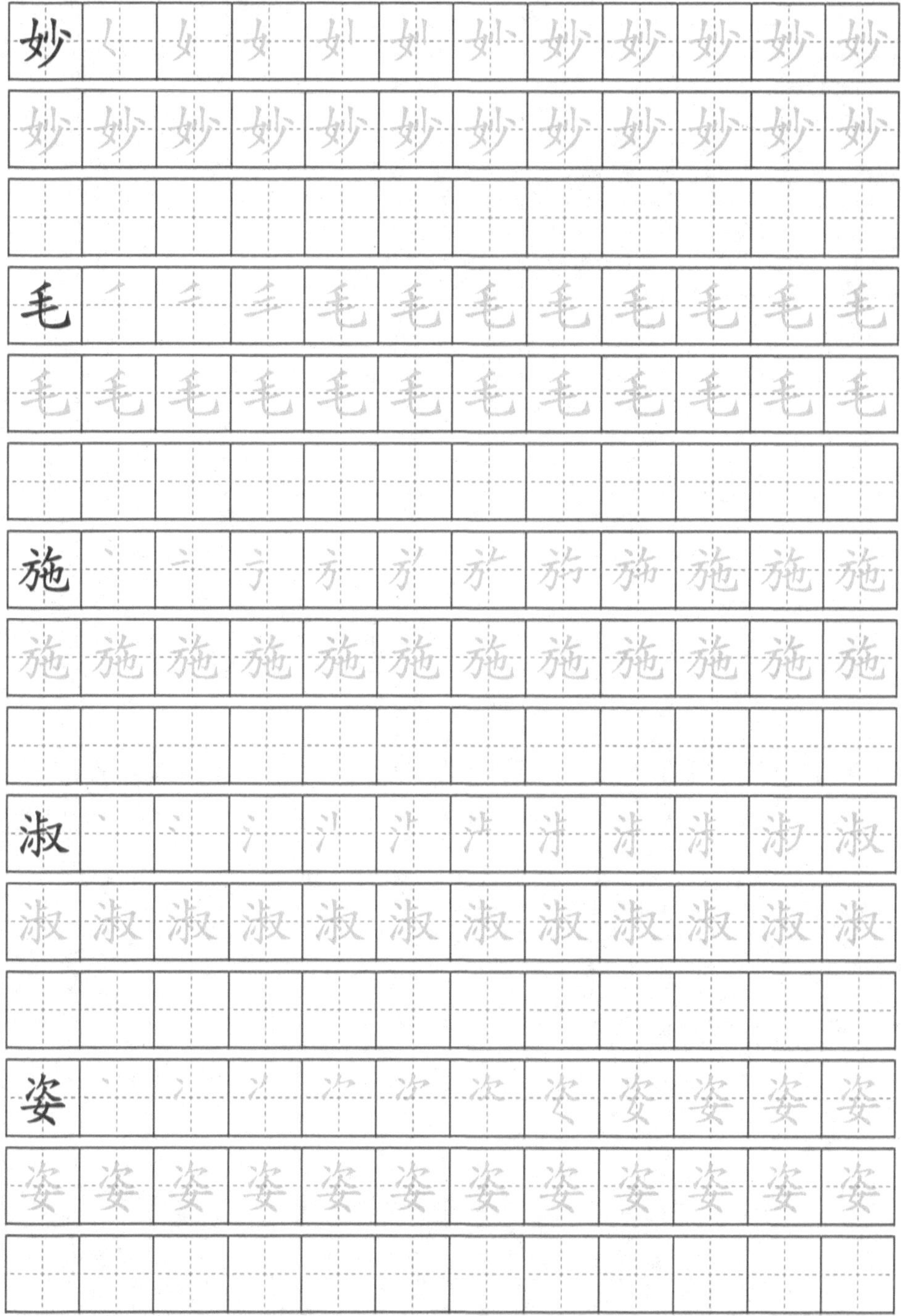
妙
毛
施
淑
姿

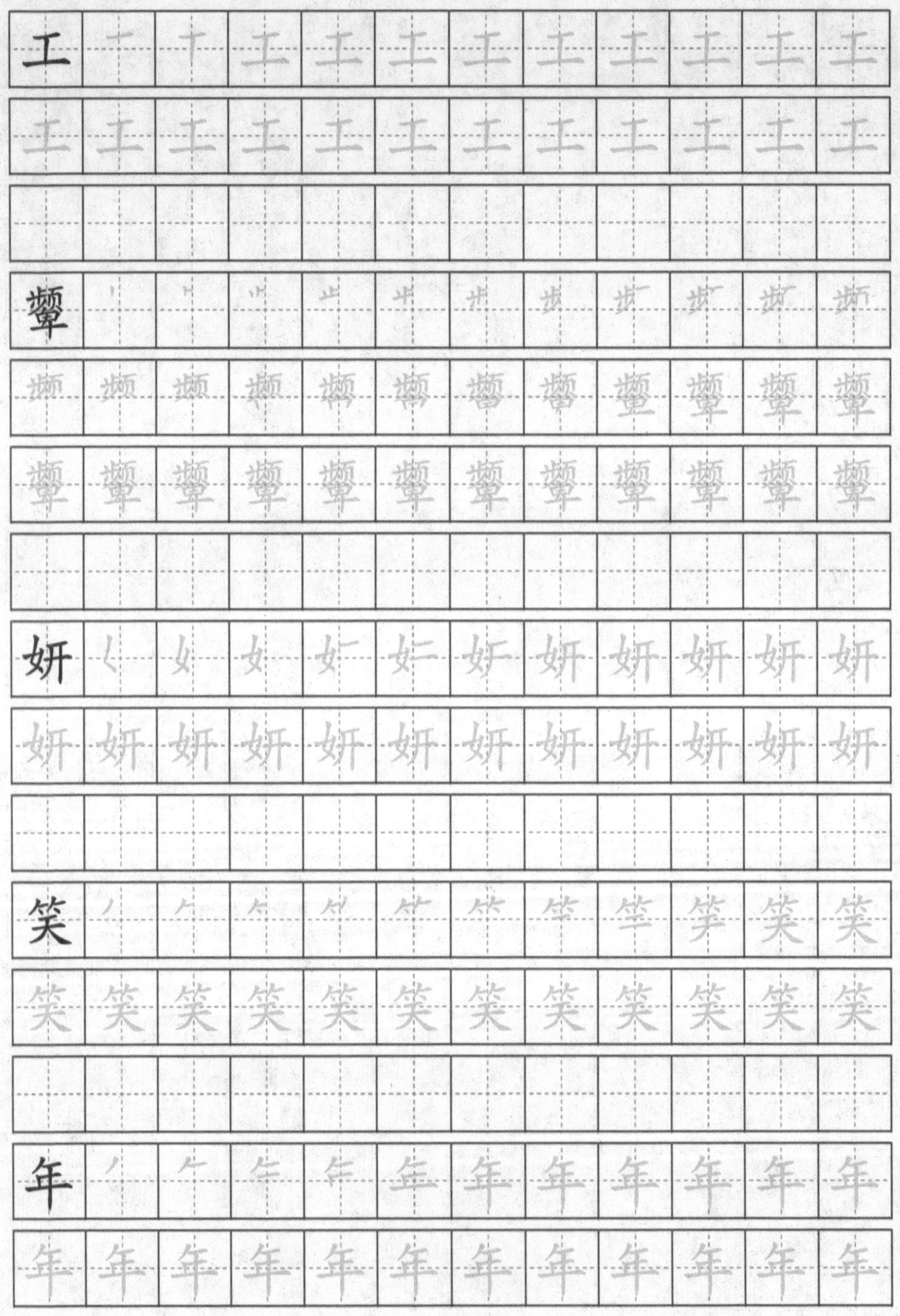

矢

每

催

曦

晖

朗

曜

璇

玑

巩巩巩巩巩巩巩巩巩巩巩巩

悬

悬悬悬悬悬悬悬悬悬悬悬悬

斡

斡斡斡斡斡斡斡斡斡斡斡斡

斡斡斡斡斡斡斡斡斡斡斡斡

晦

晦晦晦晦晦晦晦晦晦晦晦晦

魄

魄魄魄魄魄魄魄魄魄魄魄魄

魄魄魄魄魄魄魄魄魄魄魄魄

环

照

指

薪

修

祜

永

绥

吉

劭

矩

步

引

领

俯

仰

廊

庙

柬

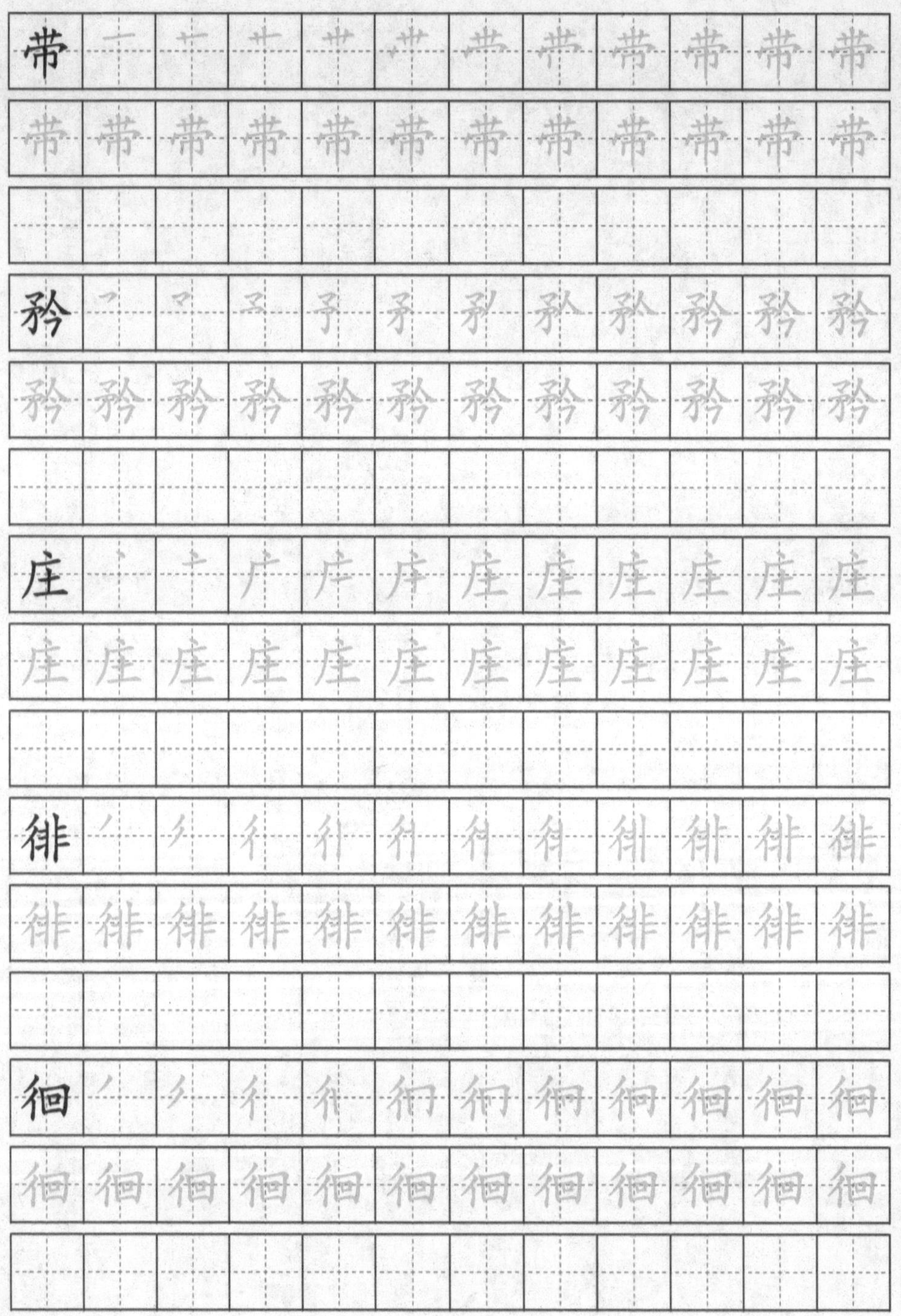
带
矜
庄
徘
徊

瞻

眺

孤

陋

寡

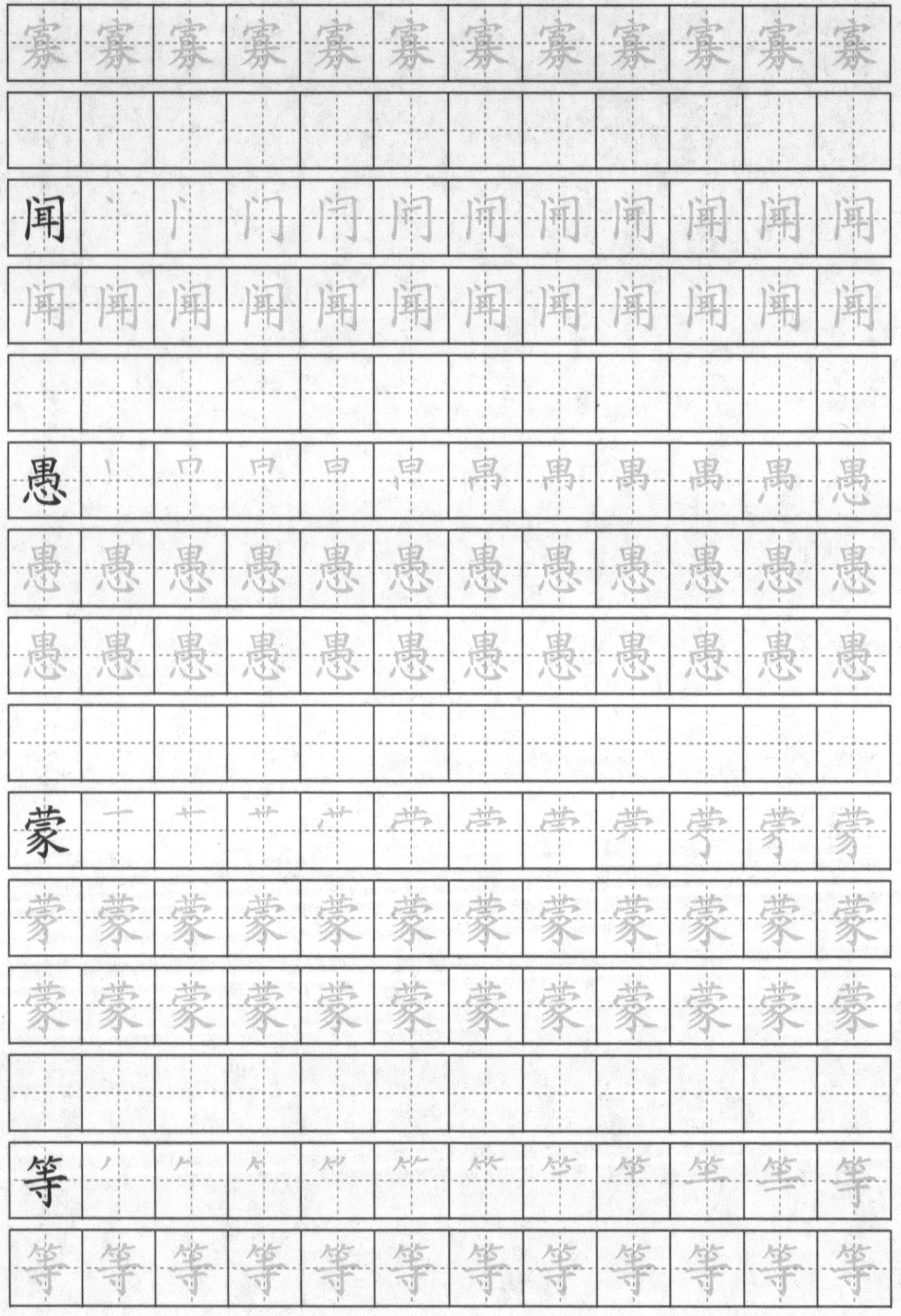

等	等	等	等	等	等	等	等	等	等	等	等
诮									诮	诮	诮
诮	诮	诮	诮	诮	诮	诮	诮	诮	诮	诮	诮
谓											谓
谓	谓	谓	谓	谓	谓	谓	谓	谓	谓	谓	谓
语									语	语	语
语	语	语	语	语	语	语	语	语	语	语	语
助							助	助	助	助	助
助	助	助	助	助	助	助	助	助	助	助	助
者								者	者	者	者

The full text of "Thousand Character Classic" without punctuation marks.
《千字文》全文（无标点）

天地玄黄宇宙洪荒日月盈昃辰宿列张寒来暑往秋收冬藏闰余成岁律吕调阳云腾致雨露结为霜金生丽水玉出昆冈剑号巨阙珠称夜光果珍李柰菜重芥姜海咸河淡鳞潜羽翔龙师火帝鸟官人皇始制文字乃服衣裳推位让国有虞陶唐吊民伐罪周发殷汤坐朝问道垂拱平章爱育黎首臣伏戎羌遐迩一体率宾归王鸣凤在竹白驹食场化被草木赖及万方盖此身发四大五常恭惟鞠养岂敢毁伤女慕贞洁男效才良知过必改得能莫忘罔谈彼短靡恃己长信使可覆器欲难量墨悲丝染诗赞羔羊景行维贤克念作圣德建名立形端表正空谷传声虚堂习听祸因恶积福缘善庆尺璧非宝寸阴是竞资父事君曰严与敬孝当竭力忠则尽命临深履薄夙兴温清似兰斯馨如松之盛川流不息渊澄取映容止若思言辞安定笃初诚美慎终宜令荣业所基籍甚无竟学优登仕摄职从政存以甘棠去而益咏乐殊贵贱礼别尊卑上和下睦夫唱妇随外受傅训入奉母仪诸姑伯叔犹子比儿孔怀兄弟同气连枝交友投分切磨箴规仁慈隐恻造次弗离节义廉退颠沛匪亏性静情逸心动神疲守真志满逐物意移坚持雅操好爵自縻都邑华夏东西二京背邙面洛浮渭据泾宫殿盘郁楼观飞惊图写禽兽画彩仙灵丙舍旁启甲帐对楹肆筵设席鼓瑟吹笙升阶纳陛弁转疑星右通广内左达承明既集坟典亦聚群英杜稿钟隶漆书壁经府罗将相路侠槐卿户封八县家给千兵高冠陪辇驱毂振缨世禄侈富车驾肥轻策功茂实勒碑刻铭磻溪伊尹佐时阿衡奄宅曲阜微旦孰营桓公匡合济弱扶倾绮回汉惠说感武丁俊乂密勿多士寔宁晋楚更霸赵魏困横假途灭虢践土会盟何遵约法韩弊烦刑起翦颇牧用军最精宣威沙漠驰誉丹青九州禹迹百郡秦并岳宗泰岱禅主云亭雁门紫塞鸡田赤城昆池碣石钜野洞庭旷远绵邈岩岫杳冥治本于农务兹稼穑俶载南亩我艺黍稷税熟贡新劝赏黜陟孟轲敦素史鱼秉直庶几中庸劳谦谨敕聆音察理鉴貌辨色贻厥嘉猷勉其祗植省躬讥诫宠增抗极殆辱近耻林皋幸即两疏见机解组谁逼索居闲处沉默寂寥求古寻论散虑逍遥欣奏累遣戚谢欢招渠荷的历园莽抽条枇杷晚翠梧桐早凋陈根委翳落叶飘摇游鹍独运凌摩绛霄耽读玩市寓目囊箱易輶攸畏属耳垣墙具膳餐饭适口充肠饱饫烹宰饥厌糟糠亲戚故旧老少异粮妾御绩纺侍巾帷房纨扇圆絜银烛炜煌昼眠夕寐蓝笋象床弦歌酒宴接杯举觞矫手顿足悦豫且康嫡后嗣续祭祀烝尝稽颡再拜悚惧恐惶笺牒简要顾答审详骸垢想浴执热愿凉驴骡犊特骇跃超骧诛斩贼盗捕获叛亡布射僚丸嵇琴阮啸恬笔伦纸钧巧任钓释纷利俗并皆佳妙毛施淑姿工颦妍笑年矢每催曦晖朗曜璇玑悬斡晦魄环照指薪修祜永绥吉劭矩步引领俯仰廊庙束带矜庄徘徊瞻眺孤陋寡闻愚蒙等诮谓语助者焉哉乎也。

www.ingramcontent.com/pod-product-compliance
Lightning Source LLC
LaVergne TN
LVHW031323190726
843493LV00013B/3023

* 9 7 8 8 4 1 2 6 4 3 9 8 5 *